세상에서
가장 친절한
경제학

Common sense economy

>>>> 인생의 선택을 도와주는 경제 상식 모음 <<<<

세상에서 가장 친절한 경제학

세종보 지음 | 하은지 옮김

더페이지

세상을 이해하는
가장 기본적인 경제학

우리 인생에는 셀 수 없이 많은 우여곡절이 있다. 그러나 그 모든 일에는 원인과 결과가 있다.

대학을 졸업하고 공무원 시험에 응시했던 나는 어쩌다 우리 지역에서 1등을 해버렸다. 의지와 열정이 가득하다 못해 넘쳐흘렀던 젊은 날의 나는 내가 맡은 직무 외에도 여러 가지 일을 시도해 보았다. 당시에는 그런 일들을 하는 게 무슨 의미인지도 모른 채, 무작정 열심히 했다.

한번은 아시아개발은행에서 각 지역의 현지화 연구와 관련한 기술 지원 프로젝트를 진행한 적이 있었다. 당시 신참이었던 나는 새로운 세계에 대한 호기심을 잔뜩 품은 채로 나의 첫 영어 작품인 '연구 과제 보고서'의 초안을 완성했다. 그것으로 유명 경제학자 세 명과 협상을 진행한 끝에 당시 가장 높은 수준의 지원이었던 10만 달러 규모의 무상 지원 프로젝트를 따내는 쾌거를 달성했다. 또 여섯 명의 교수와 전문가로 구성된 연구팀을 만들어 2년 동안 수십 개의 정책 안건을 연구했고, 대부분 채택되는 성과를 내기도 했다.

원래 그것으로 마침표를 찍으려고 했었다. 하지만 연구 프로젝트를 진행하면서 영어로 토론하고 글을 쓴 경험은 엄청난 자산이 되어 영어 실력을 키우는 데 정말 많은 도움이 되었다. 그 덕분에 2015년~2016년에는 회사의 지원을 받아 정부에서 시행하는 영국 맨체스터 대학 연수에 파견되는 행운을 누리기도 했다.

영국 연수 기간에는 맨체스터의 시장을 역임했던 폴 머피를 만날 기회가 있었다. 당시 외국 지도자들의 국빈 방문 일정을 막 끝마쳤던 그는 유학생들에게 매우 열정적이었다. 우리는 오전 내내 그와 함께 시간을 보냈고, 나는 '보잉사 임원'에서 '시장'으로 커리어를 전환한 그의 경험담을 생생하게 들을 수 있었다.

슈테판 츠바이크의 『마리 앙투아네트』에는 이런 구절이 등장한다.

"모든 운명에게 주어진 선물에는 보이지 않는 가격이 매겨져 있다."

졸업 후 나는 줄곧 경제와 관련한 영역에서 일했다. 그 과정에서 나는 경제학은 뜬구름 같은 학문이 아니라 우리 생활과 밀접한 관련이 있는 실용 학문이라는 걸 절실히 깨달았다. 우리에게 직접적으로 답을 주진 않아도 삶의 방향을 제시해 주었고, 누군가에게 빌린 것이 있으면 반드시 갚아야 하며, 노력과 대가를 지불한 만큼 반드시 얻는 것이 있다는 걸 체득했다.

그래서 나는 스스로 매년 새로운 도전을 해 보자고 결심했다. 이후로 지금까지 두 개의 석사학위를 취득했고, 오스트레일리아와 미국에 정식 등록된 공인회계사가 되었으며, 해외 연수를 마쳤다. 공무원 일을 그만둔 뒤에는 외국에서 생활했고 지금은 책 한 권을 완성했다. 그렇게 어릴 적 꾸었던 문예 청년의 꿈을 이루어 가고 있다.

이 책은 2021년 2월 20일에 시작되었다. 홍콩에서 가족과 친구들을 보고 돌아온 나는 상하이에서 14일간 격리되어야 했다. 무료한 격리 생활을 어떻게든 의미 있게 보내고 싶었던 나는 나만의 지식 세계에서 '생활 경제학'이라는 아이디어를 떠올렸다. 그런 다음 예전에 친구들과 나누었던 경제 문제와 관련한 이야기들을 글로 정리하기 시작했고, 그다음에는 네티즌들의 고민 상담을 경제학의 관점에서 새롭게 풀어내는 콘셉트로 문장을 다듬기 시작했다.

한 번 마음 먹고 시작하니 주워 담을 수가 없었다. 이후 친한 친구의 조언에 따라 전체적인 방향과 구상을 수정했고 체계적으로 정리하게 되었다. 아무 생각 없이 꽂아놓은 나뭇가지에서 뿌리가 내려오고 결국에는 꽃이 핀 것이다.

이 책에서 나는 인생과 일상에 대한 고민과 경험을 최대한 있는 그대로 꾸밈없이 적으려고 노력했다. 챕터별로 고민이나 문제가 등장할 때마다 그에 대한 정확한 해답을 적어 놓지 않았다. 그렇다고 새로운 개념이나 화려한 경제학 법칙을 소개한 것도 아니다. 그보다는 하나의 사건이 일어난 원인과 과정, 그 맥락을 풀어 놓는 데 집중했고, 지식을 응용하는 방법과 그 변화에 주목했다. 사건이 일어난 구체적인 배경과 그 경위를 알아야만 그저 지식을 '아는' 사람이 아닌 진정으로 '체득하는' 사람이 될 수 있다.

그래서 꼭지마다 두세 마디로 깔끔하게 정리하지 못하고 다소 수다스럽게 풀어낸 경향이 있다. 단순히 이 책을 일회성으로 읽어 내기보단 챕터별로 천천히 '음미'한다면 경제 상식을 하나씩, 깊이 알아가는 즐거움이 있을 것이다. 챕터별로 장편의 글을 통해 각각의 고민과 문제를 풀어내는 방향을 제시하려 했다.

경제학은 사회과학의 일환으로 우리가 세상을 이해하는 방법을 알려 준다. 또 수많은 가설과 논리 중에서 각자의 환경과 기회, 상황에 맞는 선택지를 찾아내어 우리에게 제시한다. 이 책에서는 특히 돈과 관련한 이야기를 담고 있다. 예쁜 게 밥 먹여 주는지, 행복을 돈으로 살 수 있는지, 돈을 어떻게 벌어야 하는지 등 살아가는 데 중요한 돈에 대한 상식과 투자의 기본을 이 책을 통해 익힐 수 있을 것이다.

세상은 아름답지만 어지럽다. 그 속에서 침착하게 살아가야 하지만 그렇다고 세상을 등지거나 외면해서는 안 된다. 시간이 흐르면서 우리는 점점 늙어가고 생각도 둔해지겠지만 그렇다고 '산송장'처럼 숨만 쉬며 살아서는 안 된다.

나는 여러분이 이성적이면서도 마음이 따뜻한 사람이 되길 바란다. 감정에 휘둘리지 않고 걱정 근심에 영혼이 잠식되지 않았으면 한다. 정보의 홍수 속에서도 양질의 정보를 구분해 내고 수많은 이해득실 가운데서도 생명의 고귀함을 잃지 않았으면 한다. 설령 대가를 지불하게 된다고 할지라도 포기하지 않고 계속 노력할 수 있길 바란다. 왜냐하면 인생에는 허투루 걸어온 길이란 단 하나도 없고, 모든 걸음에는 저마다의 역할이 있기 때문이다. 당신이 흘린 모든 땀방울은 언젠가 반드시 결실을 맺을 것이다.

　독자 여러분의 행복과 안녕을 진심으로 기원한다.

저자 세종보

차례

PART 1 ‖ 살아가는 데 필요한 최소한의 경제학

살아가는 데 필요한
최소한의 경제학

Common sense economy

CHAPTER 1

경매 시장에서
'줍줍'이 가능할까?

줍줍 경제학

경매, 우리의 상상 그 이상으로 광범위한 학문
정상적인 사회일수록 줍줍은 불가능하다

도시에서 가족의 보금자리를 마련하는 것은 결코 만만한 과정이 아니었습니다. 중개업체를 통해서 3개월째 매주 주말마다 집을 보러다니고 있지만 마음에 드는 곳은 너무 비싸고, 금액이 괜찮다 싶으면 치명적인 문제점들이 있더라고요.

신축 집을 사자니, 마땅한 집을 찾기가 '하늘의 별 따기'고, 찾는다고 하더라도 소유권 이전과 인테리어 공사까지 다 하려면 입주까지 최소 2~3년이 걸립니다. 구축 집을 사자니, 금액과 세금뿐만 아니라 내부 인테리어 공사를 새로 해야 하는 것까지 부담이 됩니다. 이런 고민을 하던 제게 한 지인이 법원 경매를 추천했습니다. 운이 좋아 '줍줍'에 성공하면 저렴하게 좋은 매물을 구할 수 있다고 하더군요. 인터넷에서 법원 경매 관련 정보를 찾아보니 매물도 많고 시작가도 괜찮았습니다. 하지만 저는 아무리 생각해도 경매라는 방식이 이해되지 않습니다. 바로 금액을 정하면 될 걸 뭐 하러 경매를 하나요? 경매 시장에서 '줍줍'이 가능한 걸까요?

경매의 목적은 판매자의 이익을 최대화하는 것

분명 많은 사람이 인터넷상에서 법원 경매에 대한 정보를 접했을 테지만 실제로 경매에 참가한 사람은 얼마나 될까요? 경매의 낙찰 방식은 매우 생소하고, 평소에 접하기 힘듭니다. 그렇다면 경매 시장에서 '줍줍'이 정말 가능한 걸까요?

경매 시장에서 '줍줍'이 가능한지, 어떻게 하면 '줍줍'할 수 있는지를 이야기하기 전에 우리는 먼저 '경매'를 제대로 이해해야 합니다. '경매'란 전문적으로 경매업에 종사하는 경매회사가 소유자의 위탁을 받아 정해진 시간과 장소에서 규정과 규칙에 따라 경매 물건을 입찰자에게 고지하고, 공개적으로 가격 경쟁을 진행함으로써 경매 집행관이 최고가를 부른 입찰자에게 물건을 판매하는 현물 거래 방식입니다.

여기서 경매가 매수인의 '줍줍'을 위한 것이 아닌, 모든 잠재적 매수인이 인정하는 가치를 도출해 내고 그중 최고가를 선택하기 위해서라는 걸 알 수 있습니다. 그 본질적인 목적은 '소비자 잉여'를 최대한 활용하여 매도인의 이익을 최대화하는 것이지요.

매도인 입장에서는 최고가를 부르는 사람에게 매물을 판매하는 것만이 최대 이윤을 얻는 방법이며, 경매를 통해 입찰자들이 매물에 매기는 최고가를 알아낼 수 있습니다.

경매 시장에서 거래되는 상품은 무엇일까요? 경매를 진행하는 물건에는 일반적으로 자동차번호판, 토지, 개발사업 제안서와 같은 공공 상품, 그리고 예술품과 같이 마니아층을 거느리고 시장 가격을 바로 정하기 어려운 상품이 포함됩니다. 공공 상품은 시장 가격으로 판매될 수 없고, 마니아층이 형성된 상품 역시 시장에서 가격을 결정할 수 없기 때문이지요.

경매를 통해 거래되는 상품에는 몇 가지 특징이 있습니다.

첫째, 차별화된 사적 가치입니다.

시장에서 표준화된 규격을 가지고 광범위한 판매가 이뤄지는 상품은 일반적으로 모두가 인정한 공통 가치를 지니고 있습니다. 모두의 인정을 받은 경우, 비교적 공개적이고 투명한 범위 내에서 가격이 정해집니다. 컵라면 한 개에 1,500원, 쌀 10kg에 30,000원. 이런 가격들이 모두 그 예라고 볼 수 있죠.

이에 반해 광범위한 판매가 이뤄지지 않거나, 표준화된 규격이 없거나, 판매 대상 범위가 좁은 상품의 경우, 모두에게 인정받는 가치를 알 수 없습니다. 서화 작품과 예술품이 바로 여기에 해당합니다. 특히 독특한 사적 가치를 가진 상품의 경우, 사람마다 서로 다른 가치를 부여하곤 합니다.

둘째, 경매 정보의 비대칭 또는 불확실성입니다.

정보의 비대칭이란 무엇일까요? 예를 들어 예술품 경매를 진행할 때 매도인이 그 출처에 대해 밝히고 싶어 하지 않거나 작품의 이력을 모를 수 있습니다. 특히 일부 골동 예술품의 경우 실제 제작 연도를 추정하기만 할 뿐, 정확히 알지 못합니다. 심지어 위조품 여부조차 전문가의 추측에 의존할 수밖에 없습니다. 이런 상황을 바로 '정보의 비대칭'이라고 합니다. 이러한 정보들은 불확실성이 크기 때문에 사람들은 상품 가치에 대해 각기 다른 판단을 내리게 됩니다.

경매 과정에서 최대한 높은 가치로 평가받기 위해 매도인이 정보의 대칭 또는 비대칭을 의도할 수 있다는 점을 주의해야 합니다. 여기서 중요한 점은 입찰자 간에도 정보의 비대칭 문제가 존재할 수 있다는 것입니다. 매도인은 입찰자들의 정보 공유를 막기 위해 여러 조처를 하게 되는데, 입찰자들도 경쟁에서의 우위를 점하고 최소한의 비용으로 낙찰받기 위해 경쟁자에게 자신의 정보, 특히 심리적 초깃값으로 내린 '닻'이 노출되는 것을 최대한 방지합니다.

서로 다른 4가지 경매 방식

경매는 어떻게 진행될까요? 일반적으로 단일 아이템 경매를 진행하는 방식에는 다음과 같은 4가지가 있습니다.

가장 흔한 방식은 시작가Starting price에서 출발하여 입찰자들이 가격을 높이면서 최종적으로 최고가를 호가한 사람이 낙찰받는 것입니다. 이것이 바로 낮은 가격에서 시작해 가격을 올리는 오름 경매, 즉 '영국식 경매English auction'입니다. 영국식 경매는 경매 과정에서 진행자가 물건의 최저가를 고지하면 입찰자들이 시작가에서 가격을 높이면서 입찰 경쟁을 벌이다가 마지막에 진행자가 최고 금액을 3회 외칠 때까지 다른 응찰자가 나타나지 않으면 경매봉을 두드려 낙찰을 결정합니다. 이때 낙찰가는 '내정가Reserved price'*보다 높아야 합니다.

이외에 높은 가격에서 시작해 낮은 가격으로 내려오는 내림 경매, 즉 '네덜란드식 더치 경매Dutch auction'가 있습니다. 이 방식은 경매 과정에서 진행자가 물건의 시작가를 고지한 뒤 최고가부터 시작하여 차례로 가격을 낮추어 부르다가 매수 희망자가 나오면 최초의 매수 희망자가 물건을 낙찰받습니다. 이 역시 낙찰가는 내정가보다 높아야 합니다.

---

* 내정가: 경매사와 위탁자가 합의한 작품의 최저 판매 가격, 비공개를 원칙으로 한다.

일반인들에게는 생소하지만, 전문가들에게는 잘 알려진 세 번째 방식은 바로 '최고가 봉인 경매First-price sealed-bid auction'입니다. 이 방식은 구매 희망자들이 정해진 시간 안에 밀봉된 입찰표를 경매사에게 제출하면 경매사가 확인하고 낙찰자를 결정합니다.

최고가 봉인 경매는 앞의 두 방식과 비교했을 때 2가지 특징이 있습니다. 첫째, 가격 조건 이외에 고려해야 하는 다른 거래 조건이 있을 수 있습니다. 둘째, 공개 개찰과 비공개 개찰 중 선택할 수 있습니다. 대형 설비나 수량이 많은 재고 물품, 또는 정부에서 몰수한 물품을 대상으로 경매를 진행할 때 이 방식을 채택하곤 합니다.

마지막으로 비크리가 제안한 '차가 봉인 경매Second-price sealed-bid auction'가 있습니다. 이 방식은 기본적으로 최고가 봉인 경매와 동일하며, 한 가지 다른 점은 낙찰자가 지불해야 하는 금액이 자신이 제출한 입찰가가 아닌 두 번째로 높은 입찰가라는 것입니다.

이쯤에서 이런 질문이 나올 것 같군요.

"낙찰자가 자신의 입찰가가 아닌 그보다 낮은 입찰가를 지불한다고요? 그럼 낙찰자가 더 적은 비용을 내는 거잖아요? 경매는 구매자의 '소비자 잉여'를 활용하는 것 아니었나요?"

여기에는 더 큰 '함정'이 존재합니다. 언뜻 보면 낙찰자가 자신이 예상한 금액보다 더 낮은 비용을 지불하니 이득인 것처럼 보입니다. 하지만 실제 입찰자 입장에서 입찰가는 말 그대로 입찰하기 위한 행위의 도구일 뿐, 설령 낙찰이 된다고 해도 자신의 입찰가대로 지불할 필요가 없으므로 자신의 예상보다 더 큰 금액을 입찰가로 제출하게 됩니다. 입찰가가 낮으면 낙찰에 실패할 테니까요.

한두 사람만 이런 생각을 한다면 다행인데, 만약 모든 입찰자가 이렇게 생각한다면 어떤 일이 일어날까요? 모든 사람이 자신의 심리적 '초깃값'보다 훨씬 큰 금액을 입찰가로 제출할 테고, 최종 낙찰된 사람은 두 번째로 높은 입찰가임에도 그 금액이 자신의 심리적 '초깃값'을 훨씬 넘어선다는 것을 발견하게 됩니다.

'승자의 저주'를 경계하라

앞에서 두 번째로 높은 입찰가로 지불하는 것이 낙찰자에게 이득인 것 같지만 입찰자 간의 경쟁이 과열되어 결국 낙찰자가 자신의 심리적 '초깃값'보다 훨씬 큰 금액을 지불하기 때문에 경매사에게 더 큰 이익을 남길 수 있다고 했습니다.

경매는 일종의 '게임'입니다. 구매자와 판매자 간의 게임이기도 하고 구매자와 구매자 간의 게임이기도 합니다. 최종 낙찰자는 입찰 경쟁에서 끝내 승리를 거머쥐었지만, 자신이 '저주'에 빠졌다는 것을 알게 됩니다. 이것이 바로 '승자의 저주the winner's curse'입니다.

경제학 가설에 따르면 모든 입찰자가 이성적인 상태라면 '승자의 저주'는 일어나지 않습니다. 이 때문에 시장 메커니즘에서 '승자의 저주'는 이상 현상anomaly으로 간주합니다. 그런데 수많은 후속 연구와 실험을 통해 '승자의 저주'가 매우 보편적인 현상임이 밝혀졌습니다.

어째서 '승자의 저주'는 필연적으로 일어날까요? 이 '저주'는 경매에서 낙찰되는 사람만이 걸릴 수 있습니다. 낙찰을 알리는 경매봉이 '쾅' 하고 내려쳐지는 순간, 이 상품을 위해 지불한 대가가 다른 구매 희망자의 가치 판단보다 높다는 것을 깨닫게 됩니다. 자신의 가치 판단과 상관없이 낙찰되는 그 순간에는 모든 승자가 불필요한 돈을 더 지불해야 하는 '저주'에 걸리는 것입니다.

하지만 '승자의 저주'는 일반적으로 모두에게 동일한 가치가 있는 상품이 경매 물건으로 나왔을 때만 발생합니다. 그 이유는 무엇일까요? 바로 모두에게 동일한 가치, 즉 공공가치Common value를 가진 제품만이 그 입찰가가 공동가치를 뛰어넘을 수 있기 때문입니다.

그렇다면 개인별로 다른 가치Private value를 가진 물건은 대체 어느 정도의 가치가 있는 것일까요? 시장에서 공공가치가 없는 물건에는 많이 지불하고 적게 지불한다는 개념 자체가 없습니다. 단지 스스로 마음속에서 인정한 가격, 즉 자신의 개인적인 가치만을 지불했을 뿐, 시장에서는 아무런 의미가 없으며 '승자의 저주' 또한 존재하지 않습니다.

'승자의 저주'는 입찰자들의 응찰에 영향을 주고 경매 시장에 대한 우려를 낳고 있습니다. 이를 해결하는 것이 현재 경제학자들이 직면한 과제입니다.

2020년 새로운 경매 방식의 등장

폴 밀그럼Paul R. Milgrom과 로버트 윌슨Robert B. Wilson은 새로운 경매 방식을 발명하여 2020년 노벨경제학상을 공동으로 수상했습니다. 폴 밀그럼과 로버트 윌슨의 경매 이론은 곧 실생활에 적용될 것입니다.

폴 밀그럼은 1982년 로버트 위버와 공동 집필한 논문「경매와 경쟁 입찰 이론A Theory of Auctions and Competitive Bidding」에서 평가에 연관성이 존재할 때 정보, 가격, 경매사 수익을 처리하는 분석 프레임을 구축했습니다.

그들은 실제 경매를 관찰한 결과, 입찰자의 가치평가와 연관성이 있으며 경매 물건에 대한 입찰자의 평가가 높으면 다른 입찰자의 평가도 쉽게 올라갈 수 있다고 밝혔습니다.

이 때문에 경매는 '폭로 게임Revelation game'이라고도 불립니다. 구매 희망자의 입찰가는 본인이 물건을 어떻게 평가하는지에 대한 정보를 제공할 뿐만 아니라 다른 구매 희망자가 가진 정보를 일부분 보여 주기도 합니다. 그렇기 때문에 입찰자의 이익은 자신의 정보를 얼마나 철저히 숨길 수 있는지에 따라 결정됩니다. 경매 과정 중 정보가 노출되면 입찰자들은 상대방의 입찰가를 예측할 수 있으며, 낙찰에 성공하기 위해 그들은 더욱 높은 금액으로 응찰해야 합니다. 한편 경매사 입장에서는 입찰자들의 정보가 서로 공유될수록 더 큰 기대 이익을 얻게 되지요.

경매 이론 문헌에서 폴 밀그럼은 이러한 발견을 '연결 원리'라고 정의했습니다. 그는 이러한 원리를 응용하여 유행하는 여러 경매 형식을 분석했습니다.

영국식 경매에서 먼저 경매를 포기한 입찰자의 입찰가는 물건 가치에 대한 그들의 정보를 보여 주며, 낙찰에 실패한 모든 입찰자의 추정가Estimated price 와 경매가격을 연결해 비교적 높은 이익을 얻을 수 있습니다. 차가 봉인 경매에서 경매가격은 물건 추정가 중 두 번째로 높은 금액을 제시한 입찰자와만 연결되기 때문에 비교적 낮은 이익을 얻게 됩니다. 네덜란드식 경매와 최고가 봉인 경매에서는 가격 간에 어떠한 연결고리도 없기 때문에 경매사는 최소의 기대 이익을 얻게 됩니다.

폴 밀그럼의 이러한 발견으로 현재 유행 중인 영국식 경매에 대한 긍정적 인식이 높아졌습니다. 주목할 만한 점은 폴 밀그럼이 연결고리가 존재하는 경매에 대한 연구를 통해 '승자의 저주'를 입증해 낸 것입니다.

경매에서 '승자의 저주'는 정보의 비대칭에 대한 우려로 나타나며, 누군가는 결국 경매 참여를 포기하기도 합니다. 두 경제학자는 문제 해결과 메커니즘 설계 과정에서 이를 반드시 해결해야 하는 중요한 문제로 인식했으며, 결국 많은 획기적인 시스템을 설계했습니다.

2020년 말에 열린 '제11회 차이신財新 회의'에서 폴 밀그럼은 미국 연방통신위원회(FCC)에 제안했던, 가장 잘 알려진 경매 방식을 직접 설명했습니다.

　주파수 사업권 시장은 사업권에 대한 모든 잠재적 구매자의 수요가 다르다는 것이 특징입니다. 구매자가 사업권에 어떠한 가치를 매기는지가 불확실하며, 보통 구매자가 획득한 다른 사업권과 관련이 있습니다.

　예를 들어, 미국 전역에서 4분의 3 주파수 사업권을 확보한 입찰자가 있습니다. 남은 지역의 주파수 사업권 획득에 있어서, 그는 사업권이 아예 없는 다른 입찰자보다 더 큰 열망을 가질 수 있습니다. 이밖에 서로 다른 종류의 사업권 간에는 강력한 대체 관계가 존재하기도 합니다. 다시 말해, 일부 입찰자의 입장에서는 동부 사업권을 획득하나 서부 사업권을 획득하나 별다른 차이가 없을 수도 있습니다.

　이런 상황에서 기존의 경매 시스템에서는 최악의 경우 어떠한 효율도 발생하지 않습니다. 서로 다른 이용 면허 간에 대체 관계가 존재한다고 가정해 보겠습니다. 여러 이용 면허에 대한 경매가 순서대로 진행될 경우 공개 경매이든 비공개 경매이든 첫 번째 경매 물건 호가가 시작되면 입찰자들은 지금 나온 물건을 구매할지 나중에 나올 물건을 구매할지, 나중에 나올 물건의 금액은 얼마일지 등에 대해 고민합니다. 추정가를 잘못 판단할 경우 상대적으로 가치를 낮게 평가한 구매자가 첫 번째 경매 물건을 구매하게 될 것이고, 이러한 초기의 실수가 연쇄작용을 일으켜 전체 경매에 엄청난 영향을 주게 됨니다.

따라서 가장 이상적인 경매는 구매자가 모든 물건을 관찰한 뒤 입찰에 참여하고, 1개 또는 다수의 물건에 마음대로 입찰하는 것입니다. 이 과정에서 입찰자는 대체 가능한 물건들 중에서 마음대로 선택할 수 있습니다. 이렇게 하면 입찰자는 물건 가격에 대해 추측하지 않아도 되고, 완전히 대체 가능한 물건 간에 통일된 거래 가격이 형성됩니다.

폴 밀그럼이 설립한 세계적 경매 자문 기업 '옥션노믹스^{Auctionomics}'는 판매자에겐 경매 설계를, 구매자에겐 입찰 자문 서비스를 제공합니다. 또한, 미국 연방통신위원회(FCC)의 경매제도를 설계하는 업무를 맡기도 했습니다.

폴 밀그럼은 앞서 말한 주파수의 특징을 고려하여 '동시 다중 라운드 경매^{Simultaneous multiple round}' 방식을 고안했습니다.

경매 라운드를 진행할 때마다 입찰자는 구매하고 싶은 최소한 1개 이상의 주파수 대역에 각각 입찰하며, 입찰가는 공개하지 않습니다. 라운드가 종료될 때마다 모든 주파수의 최고가만을 공개하며, 이를 기준으로 다음 라운드의 모든 주파수의 시작가가 결정됩니다. 예를 들어 이전 라운드의 최고가를 시작가로 정하고, 5% 또는 10%와 같이 사전에 정한 범위 내에서 가격이 올라갑니다.

다음 라운드가 시작된 후 이전 라운드의 최고가는 더 높은 최고가로 갱신될 때까지 유지됩니다. 만약 더 높은 입찰가가 나타나지 않으면 경매는 종료됩니다. 이러한 새로운 경매 방식은 상호 대체 가능한 이용 면허들의 경매에 매우 적합합니다.

경매 과정에서 가격이 올라감에 따라, 일부 입찰자는 자신이 제출한 주파수 입찰가보다 더 높은 입찰가를 제시한 사람이 나타날 경우, 목표 대상을 바꿔 현재 경매 중인 가격이 비교적 낮은 사업권에 입찰서를 제출할 수도 있는데, 이때 대체 가능한 사업권 간에 유효한 차익이 발생합니다. 대체 가능성이 높을수록 사업권 간의 경매가격 격차가 줄어듭니다.

경매는 모든 과정이 온라인으로 진행되며, 매일 3회 1시간씩 전국의 구매자가 동일한 플랫폼에서 경매에 참가합니다. 모든 과정은 온라인으로 공개되며, 최종 결과를 고지하고 보관함으로써 경매의 공정성과 투명성을 보장합니다.

이렇게 심혈을 기울여 설계된 경매 방식을 통해 무임승차, 담합, 승자의 저주 등 자주 일어나는 문제를 효과적으로 예방하여 대대적인 성공을 거두었습니다. 폴 밀그럼이 설계한 새로운 경매제도를 통해 FCC는 목표하던 바를 달성했고, 경매 이론을 실생활에 적용하는 것에 있어서 훌륭한 모범 사례가 되었습니다.

2020년에 열린 '차이신 회의'에서 폴 밀그럼은 경매 이론이 입찰 분야를 초월하여 자원 분배와 균형의 수단으로 사용되고, 다른 재화나 서비스를 가장 필요한 수요자에게 효율적으로 배분하는 데 사용된다고 밝혔습니다. 백신 배합 시 요구되는 냉장 조건, 신장 이식이나 대학 간 교차 수강 등이 바로 그 예입니다.

조금 더 자세히 설명하면, 신장 이식의 경우 모든 신장이 조건 없이 이식이 가능한 것은 아닙니다. 그렇다면 어떻게 해야 가장 효율적으로 이식 신장을 매칭할 수 있을까요? 이때 수학모델을 이용하여 적합성 측정을 할 수 있습니다. 여러 사람의 신체, 장기 상태를 비교한 뒤 정보 공개 시 경매 이론을 적용하는 것입니다.

또 다른 예로 백신 배합을 들 수 있습니다. 일부 백신은 초저온 냉장 시설에서 보관해야 하며, 적합한 기초 설비 조건을 갖춘 상태에서 초저온 운송, 백신 접종 등이 이뤄져야 하고, 공평성을 고려하여 출시해야 합니다. 이때 경매 이론을 적용하면 개체의 정보를 충분히 공개하고 공평하게 순서를 정해 모든 사람에게 백신을 접종할 수 있지요.

'줍줍'을 통한 경제학 공부

지금까지 경매가 무엇인지 알아보았으니 이제 "경매 시장에서 '줍줍'이 가능한 걸까요?"라는 질문에 답할 차례입니다. '줍줍'이라는 단어는 "줍고 줍는다"라는 뜻의 은어로, 구매자가 값비싼 물건을 아주 저렴하게 구매했다는 의미로 사용됩니다.

경매 시장은 대부분 폴 밀그럼이 고안한 새로운 경매 방식이 아닌 기존의 영국식 경매 방식을 채택하고 있습니다. 그 때문에 경매 시장에서의 '줍줍'은 다음과 같은 3가지 경우로 나눌 수 있습니다.

첫째, 운에 의한 '줍줍'입니다.

특히 법원 경매가 여기에 해당하는데요, 그 이유는 일부 물건의 실제 정보를 확인할 방법이 없어 그 불확실성으로 인해 리스크가 커지기 때문입니다. 대부분 사람이 리스크로 인해 경매를 포기한다면 입찰자들이 '줍줍'에 성공할 가능성은 커지겠지요. 하지만 여기에는 모든 불확실한 리스크를 완전히 피할 수 있다는 전제조건이 뒷받침돼야 합니다. 이것이 바로 운에 의한 '줍줍'입니다.

둘째, 정보에 기반한 '줍줍'입니다.

정보의 비대칭으로 인해 '줍줍'을 노리는 사람은 다른 사람이 모르는 거래 정보를 발견할 수 있습니다. 정부의 토지 입찰 경매에서, 만약 어떤 부동산 업체가 내부 소식통을 통해 정부가 그 부근에 대규모 공원을 조성하고, 지하철이 개통될 것이라는 정보를 사전에 입수했다고 칩시다. 다른 사람들이 이러한 정보를 모르는 상황에서 이 업체가 시세보다 높은 입찰가를 제출하여 최종 낙찰에 성공하리라는 것은 불 보듯 뻔한 것 아닐까요?

셋째, 지식에 기반한 '줍줍'입니다.

문화예술품 감정 능력과 같이 판매자와 다른 입찰자에게는 없는 전문 지식을 가진 자라면 '줍줍'이 가능합니다. 유명 소장가는 뛰어난 감정 능력 덕분에 소장품 시장에서 잘 알려지지 않은 수많은 골동품을 선점할 수 있습니다. 이것이 바로 지식에 기반한 '줍줍'입니다.

법원 경매 부동산에서도 '줍줍'이 가능할까요? 침착하게 법원 경매의 내막을 샅샅이 훑어보고 마음에 드는 부동산에 대한 정보를 최대한 수집해 보세요. 다른 사람보다 더 양질의 정보를 가지고, 심리적 '초깃값'을 수용하며, 자신의 심리적 '초깃값'을 초과하지 않는 범위 내에서 경매에 참가한다면 여러 번의 시도 끝에 마음에 드는 부동산을 '줍줍'할 수 있을 것입니다.

사실 이러한 '줍줍'은 경매 시장뿐만 아니라 시장경제 분야까지 확장할 수 있으며, '줍줍 경제학'이라는 하나의 전문 분야로 발전할 수도 있습니다. '줍줍 경제학'이란 다른 사람에게 저평가된, 그러나 높은 가치를 가진 생산 자원을 찾아내고 점유함으로써 평균 이상의 이익을 얻는 것을 의미합니다.

일명 '투자의 신'이라 불리는 워런 버핏은 '투자에서 '줍줍'이야말로 가장 중요한 원리이며, 저평가된 우량주에 투자해 장기 보유한 것이 자신이 '투자의 신'이 된 비결'이라고 밝혔습니다.

'줍줍 경제'는 주로 시장 정보가 불투명하고 공개되지 않으며, 완전하지 않을 때 나타납니다. 시장의 기회를 정확하게 포착하여 단기간에 커다란 경제적 이익을 거두었다 하더라도 사회 구성원 모두가 '줍줍'하길 원하고 투기에 열을 올린다면 성실하게 일하는 노동자는 사라질 것입니다.

이 때문에 각국은 시장의 규범성과 투명성을 확대하려고 합니다. 현재 경제가 발전하면서 시장 규칙의 안정성이 높아지고 있습니다. 정상적인 사회일수록 '줍줍'이 불가능하므로 우리는 '줍줍'을 향한 꿈을 버려야 합니다.

마지막으로 재미있는 이야기를 하나 들려드릴게요. 이 이야기를 통해 '줍줍'의 환상에서 벗어나길 바랍니다.

골동품을 판매하는 한 노인이 있었습니다. 그에게는 항상 고양이 밥그릇을 떠나지 않는 고양이 한 마리가 있었지요. 고양이 밥그릇이 매우 구하기 힘든 골동품이라는 것을 알아본 어떤 사람이 그 골동품을 손에 넣기 위해 비싼 값에 고양이를 사기로 했습니다. 그러고는 아무것도 모르는 척 고양이 밥그릇을 챙기려 했지요. 그러자 노인이 말했습니다. "그건 파는 것이 아니오. 그 골동품 하나만 있으면 매일 고양이를 열 마리도 넘게 팔 수 있거든."

C H A P T E R   2

돈으로
행복을 살 수 있을까?

행복 경제학

경제학자들은 돈으로 행복을 살 수 있으며,
행복은 소비 습관에 따라 결정된다고 단언한다

어려서부터 "돈으로 행복을 사는 것은 불가능하다.", "돈 보기를 돌같이 하라."라는 말을 듣고 자랐습니다. 하지만 어른이 되어 보니 모든 사람이 더 많은 돈을 벌기 위해 살아가고 있습니다. 주변을 보면 '금수저' 집안 출신 또는 높은 연봉을 받는 고소득자들은 전부 화려한 인맥을 자랑합니다. 그들은 소위 '잘나가는' 사람들과 미국 스키 여행을 가거나 남극, 아프리카 등지로 오지 여행을 떠나기도 합니다. 아무리 봐도 그들의 행복은 돈이 있어 가능한 것 같습니다.

이런 모습을 보며, 지금까지 돈에 대해 별생각 없이 살아오던 저는 제 가치관에 의구심이 생겼어요. 너무 많은 돈은 불행을 초래하기도 하지만 대부분 사람은 돈이 없어 자유롭지 못하고, 그 결과 행복하지 않은 것이 분명한 사실이니까요.

돈으로 행복을 살 수 있을까요?

얼마를 벌어야 행복할까?

'돈으로 행복을 살 수 있을까?'

이는 오랫동안 인류가 논쟁해 온 문제입니다. 돈은 인간이 창조한 것으로, 인간을 제외한 동물 간에는 이와 유사한 개념이 존재하지 않습니다. 그런데 우리는 항상 돈에 열광하고 흥분합니다. 왜일까요? 돈으로 행복을 살 수 있기 때문일까요?

인간은 지금 전례 없는 물질적 풍요를 누리며, 사람들의 소득은 갈수록 늘어나고 있습니다. 하지만 소득이 많아져도 행복과 즐거움은 정비례하지 않습니다. 왜일까요? 돈으로 행복을 살 수 없기 때문일까요?

"사람들 사이에서 유통되는 것 중에 돈만큼 해로운 것은 아무것도 없소. 돈은 도시를 멸망시키고, 사람들을 고향에서 내쫓으며, 선량한 사람에게 악을 가르치고 나쁜 길로 인도하여 수치스러운 일을 하게 하지요. 심지어 온갖 나쁜 짓과 범죄를 저지르게 합니다."

그리스의 비극 시인 소포클레스의 작품에 나오는 내용입니다. 하지만 이러한 대사가 탄생한 것은 그가 어떻게 돈을 사용하는지 잘 몰랐기 때문일 수 있습니다. 많은 연구에서 밝혀졌듯이 우리가 돈을 적재적소에 사용한다면 돈으로 행복을 사는 것은 가능합니다.

돈과 행복의 관계는 최근 20년 동안 행동경제학에서 활발하게 연구되는 중요 과제입니다. 행복 경제학의 대표 학자 리처드 이스털린 Richard A. Easterlin 은 최초로 주관적 쾌락을 대상으로 이론 연구를 진행한 현대 경제학자입니다. 그는 1974년에 발표한 「경제 성장과 행복의 상관관계」에서 '이스털린의 역설 Easterlin paradox'을 소개했습니다. 이는 '한 시점에서는 부자가 일반적으로 가난한 자에 비해 더 행복하지만(횡단면 비교), 소득이 증가하다가 일정 시점을 지나면 행복도와 소득은 정비례하지 않는다(시계열 비교)'는 내용입니다. 한마디로 행복과 돈의 관계는 어떤 임계치에 도달하기 전까지는 정비례하지만(이 점은 대다수 사람의 생각과 일치합니다) 이 임계치를 넘어서면 상관관계가 없어진다는 말입니다.

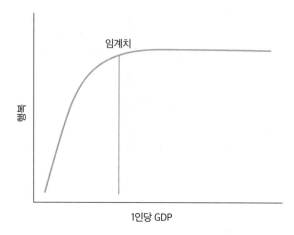

행복

임계치

1인당 GDP

이스털린의 역설을 입증하고 이러한 임계치를 찾아내기 위해 2002년 노벨경제학상 수상자인 대니얼 카너먼은 동료이자 훗날 노벨경제학상을 수상한 앵거스 디턴과 함께 2010년에 오늘날 광범위하게 인용되는 「소득 증가에 따른 행복감 향상High Income Improves Evaluation of Life Emotional Well-being」이라는 논문을 발표했습니다.

이 논문에서 170만 명의 데이터를 대상으로 연구한 결과, 연봉이 7만 5천 달러일 때 행복감을 느끼며, 자신의 생활 전체가 전반적으로 행복하다는 평가를 내린다고 주장합니다. 그리고 연봉이 7만 5천 달러라는 임계치를 넘어서면 소득이 더 증가하더라도 행복감에는 그다지 큰 영향을 미치지 않는다고 밝혔습니다.

미국 퍼듀 대학이 2015년에 진행한 새로운 조사에서도 비슷한 결과가 나왔습니다. 데이터에 따르면, 미국인들은 연봉 7만 5천 달러가

세상에서 가장 친절한 경제학

행복의 기준이라고 답했습니다. 연봉이 그보다 낮은 경우 행복감은 소득의 증가와 함께 증대되었습니다. 하지만 이 기준에 도달한 후에는 행복감의 증가 폭에 별다른 변화가 없었습니다.

미국에서 7만 5천 달러는 어느 정도의 부(富)일까요? 2010년도 기준이니 연 1.2%의 물가상승률을 감안하여 2023년으로 따져 보면 대략 8만 7천 달러(약 1억 2천만 원)가 됩니다. 미국에서 이 정도 연봉을 받으면 의식주 해결에 걱정이 없고, 자녀교육비와 문화생활비 역시 부담이 되지 않습니다. 참고로 맞벌이 가정의 경우 연봉을 2배로 계산해야 합니다. 미국 영화 티켓 가격은 보통 5~15달러입니다.

정리해 보면 연봉이 일정 수준보다 낮아 부족한 생활비에 허덕이는 경우, 아무리 감동적인 위로의 말을 들어 봤자 마음속 불안감과 초조함은 피할 수 없고, 이런 부정적 감정이 생기면 행복감도 느낄 수 없게 됩니다.

연봉이 일정 수준을 초과하여 풍요로운 생활을 누리면 소득과 행복 사이에는 확연한 '한계 효용 체감의 법칙Law of diminishing marginal utility'이 나타납니다.

예를 들어, 연봉이 1만 달러에서 10만 달러로 증가하면 사람이 느끼는 행복감은 3~5배 증가하지만, 연봉이 10만 달러에서 100만 달러로 증가하면 행복감에 별다른 차이가 나지 않습니다.

돈은 고통을 줄이거나 즐거움을 마비시킨다

관련 연구를 종합해 보면 '돈은 사람에게 행복을 가져다줄 수 있지만, 돈이 더 많다고 해서 반드시 더 행복한 것은 아니다.'라는 결론에 이릅니다.

반면 누군가는 "돈은 행복을 가져다주는 것이 아니라, 고통을 줄여 줄 뿐이다."라고 주장합니다. 그들은 프린스턴 대학이나 퍼듀 대학의 연구진 모두 '행복할 수 있는 소득 금액'에 대한 정량화의 결과가 아니라 '불행을 피할 수 있는 소득 금액'에 대한 정량화의 결과를 연구했다고 말합니다.

예전에 BBC에서 진행한 실험 이야기를 해보죠. 피실험자들을 두 조로 나누고 한 조에는 지폐, 한 조에는 종이를 동일 수량만큼 나눠 주고 세어 보게 했습니다. 그리고 30초간 물이 가득 찬 수조에 손을 담그게 한 뒤 많이 사용되는 평정법 중 하나인 리커트 척도로 피실험자가 느낀 고통의 정도를 측정, 분석했습니다.

실험 결과, 지폐를 센 피실험자들이 고통을 견디는 시간이 종이를 센 피실험자들의 2배였습니다. 이는 돈을 세는 행위가 피실험자의 고통을 낮춰 주었다는 것을 의미합니다.

이 두 조의 피실험자에게 두 번째 실험을 진행했습니다. 이른바 '사회적 배제 실험'인데요, 피실험자는 세 명이 서로 공을 주고받는 '사이버 볼'이라는 컴퓨터 게임을 하게 됩니다. 게임에 참여한 나머지 두 명은 인간이 아닌 프로그램이며 피실험자는 이 사실을 모른 채 게임을 시작합니다. 규칙은 간단합니다. 공을 받으면 누구에게나 공을 던질 수 있습니다. 피실험자가 공을 둘 중 한 명에게 던지면 피실험자에게는 공을 주지 않고, 자기들끼리 공을 주고받습니다. 이때 피실험자가 느낀 감정을 리커트 척도로 측정, 분석합니다.

실험 결과에 따르면, 돈을 센 조의 피실험자들은 배제되었을 때 받는 심리적 타격이 일반인보다 낮았습니다. 이는 돈이 사람의 고통을 줄여 주는 데 도움이 될 뿐만 아니라, 사회관계의 어려움에서 오는 심적 고통까지 줄여 줄 수 있다는 것을 의미합니다.

이런 결론은 정신적 피해에 대한 손해배상을 정당화하는 근거가 되었고, 타인에게 비방이나 모욕을 당했을 때 손해배상 소송을 제기함으로써 돈이라는 수단으로 인간의 심적 고통을 줄일 수 있습니다.

이후 진행된 또 다른 실험에서, 돈이 고통을 줄여 줄 뿐만 아니라 즐거움도 마비시킬 수 있다는 사실이 밝혀졌습니다.

2010년 8월, 벨기에 심리학자는 피실험자를 두 조로 나눈 뒤 한 조에는 지폐를 보여 주고 초콜릿을 먹게 했습니다. 또 다른 한 조에는 지폐를 보여 주지 않고 초콜릿을 먹게 했습니다. 실험 결과, 지폐를 보고 초콜릿을 먹은 피실험자들이 초콜릿을 먹을 때 느낀 행복감이 더욱 낮게 나타났습니다. 사실 이러한 현상은 우리 주변에서도 흔히 볼 수 있습니다. 부자들이 인생에서 사소한 행복을 잘 느끼지 못하는 것이 바로 대표적인 예입니다.

돈과 행복의 관계가 달라졌다

왜 돈은 우리를 더욱 행복하게 할 수 없을까요? 여기에는 최소 2가지 이상의 경제법칙이 작용합니다.

첫째, 한계 효용 체감의 법칙입니다.

절대적 생활 수준이 한 단계 업그레이드되면 빠른 속도로 익숙해져 우리는 더 이상 새로운 자극을 느끼지 못합니다. 이러한 예는 생활 속에서 쉽게 발견할 수 있습니다. 생활이 넉넉지 못한 사람은 설날에 떡국을 먹을 수 있는 것만으로도 감지덕지할 것입니다. 하지만 생활 수준이 나아지면서 부담 없이 돼지갈비를 먹게 되고 나중에는 먹다가 질리기까지 합니다. 생활 수준이 높아질수록 물질로 인한 행복감을 느끼기 위해서는 더 큰 비용이 필요합니다. 예전과 같은 수준의 행복감을 누리려면 예전보다 더 많은 돈을 벌어야 하지요.

경제학자 대니얼 색스Daniel W. Sacks가 여러 국가를 대상으로 진행한 통계조사의 결론이 이를 뒷받침해 줍니다. 그는 연구를 통해 '사람들은 갈수록 탐욕적으로 부를 좇는다.'라는 결론을 내렸습니다. 또한 그는 1달러를 더 벌면 1달러만큼의 행복감을 얻는 것이 아니라, 부가 배로 증가해야만 과거와 같은 수준의 행복을 느낄 수 있다고 주장했습니다.

둘째, 사회 비교Social comparisons 의 법칙입니다.

인간의 자아 개념은 보통 '사회 비교' 방법을 통해 형성됩니다. 행복감은 우리가 실제로 느낀 감정에서 생기는 것이 아니라 우리 주변의 '비교 집단'으로 인해 생기지요. 비교 집단 중에서 누군가 더 큰 부동산을 구매했다는 소식이 들리면 자신이 소유한 부동산이 보잘것없게 느껴집니다. 누군가가 해외여행을 다녀왔다고 하면 자신이 다녀온 국내 여행이 한없이 시시하게 느껴집니다.

대다수의 사람은 연봉이 비슷한 사람이 나보다 돈을 더 벌었는지 덜 벌었는지를 비교하며 행복감을 느낍니다.

1998년 진행된 연구에서 자신의 연봉이 10만 달러이고 다른 사람의 연봉이 20만 달러일 때와, 자신의 연봉이 그 절반인 5만 달러이고 다른 사람의 연봉이 2만 5천 달러일 때 중 어느 것을 더 원하는지 물어보았습니다. 그 결과, 사람들은 대부분 후자를 선택했습니다. 그렇다면 대체 얼마를 벌어야 행복해질 수 있을까요? 이는 바로 우리 주변의 비교 집단의 소득과 생활 수준에 따라 결정됩니다.

우리는 주변의 비교 집단보다 소득과 생활 수준이 높을 때 비로소 행복을 느낄 수 있습니다. 만약 소득과 생활 수준이 그들보다 낮다면 어떻게 해서든 그들과 같은 수준이 되려고 노력합니다. 설령 그것이 행복을 가져다주지 않을지라도요. 소득이 증가할수록 비교 대상의 수준도 높아집니다. 이는 더욱 돈이 많은 동료나 친구들을 비교 대상으로 삼아야 한다는 것을 의미하죠. 이런 상황이 되면 실제 소득은 증가했지만, 비교를 통해서만 얻을 수 있는 행복감은 더욱 멀어져 갑니다.

심리학의 최신 연구 결과가 이를 뒷받침합니다. 샌디에이고 주립 대학의 진 트웬지Jean M. Twenge 교수는 공동 저자인 린Lynn 대학의 벨 쿠퍼Bell Cooper 교수와 함께 1972년부터 2016년까지 미국 성인 4만 4,198명의 데이터를 연구하여 미국심리학회 《이모션Emotion》저널에 발표했습니다. 이 연구에서는 평균적으로 소득이 높을수록 더 행복하다고 밝혔습니다.

진 트웬지는 소득과 행복감 간의 관계가 밀접하고, 소득 수준이 안정된다고 해서 행복감도 안정적으로 유지되는 것은 아니라는 사실에 놀랐습니다. 기본 욕구가 충족된 후에도 소득이 증가하면 더 큰 행복을 느낀다고 말했습니다. 또한 그녀는 1970~80년대와 비교했을 때 행복감과 소득의 관계가 더욱 밀접해졌다고 강조했습니다. 과거에 비해 지금은 돈으로 더 큰 행복을 살 수 있는 시대가 된 것이지요.

행복은 소비 습관에 달려 있다

그런데 돈으로 얼마만큼의 행복을 살 수 있을까요? 이 질문의 답은 소비 습관에 있습니다. 올바른 소비 습관은 더욱 큰 행복감을 느끼게

하고, 적은 노력에도 큰 효과를 얻을 수 있습니다. 브리티시컬럼비아 대학 심리학과 엘리자베스 던 교수팀은 수년간 진행한 연구에서 돈으로 행복을 사는 7가지 방법을 제시했습니다.

물건 대신 경험을 구매하라

사치품, 전자제품 같은 물건을 구매할 때보다 여행, 콘서트와 같은 경험을 구매할 때 더욱 강렬하고 오래 지속되는 행복을 느낄 수 있습니다. 이는 즐거웠던 경험은 물건에 비해 시간이 흘러도 쉽게 잊히지 않고 계량화를 통한 비교가 어려우며 보통 더 큰 사회적 가치를 지니고 있기 때문입니다.

자신이 아닌 타인을 위해 소비하라

인류는 사회적 동물이기 때문에 건강한 사회관계를 통해 행복감을 높일 수 있습니다. 하지만 소비는 여기에 포함되지 않습니다. 수많은 연구에서 밝혀졌듯이, 선물을 주거나 기부하는 등의 타인을 위한 소비 행위를 통해 우리는 더욱 큰 행복감을 느낄 수 있습니다. 이때 느끼는 행복감은 자신을 위한 소비에서 느끼는 행복감을 초월합니다.

소소하지만 확실한 행복을 추구하라

'티끌 모아 태산'이란 속담이 있습니다. 오랜 기간 근검절약하며 큰돈을 모아 간절히 원하던 외제 차나 명품백을 손에 넣으면 어떨까요?

안타깝게도 인간은 적응의 동물이라 그에 대한 관심과 흥미는 그리 오래가지 않습니다. 그렇다면 '티끌'이 '태산'이 될 때까지 참고 견디는 것이 아니라 그동안 모은 '티끌'로 '소확행'을 느끼는 것이 더 낫지 않을까요?

미래의 걱정을 위해 쓰는 비용을 최소화하라

인간은 좋은 일과 나쁜 일 모두에 '내성'을 가지고 있습니다. 그런데 우리는 나쁜 일에 대한 '내성'을 과소평가하곤 합니다. 그래서 미래의 나쁜 일에 대비하기 위해 일종의 '안전장치'를 마련합니다. 예를 들어 컴퓨터를 살 때 고장 날까 걱정되어 추가 비용을 내고 A/S 기간을 연장합니다. 하지만 기억해야 할 점은 걱정하는 일이 실제로 일어난다고 해도 우리의 행복감에 큰 영향을 주지 않는다는 사실입니다.

구매 시 먼저 돈을 지불하라

최근 '선구매, 후지불'의 소비 방식이 유행입니다. 하지만 이런 방식은 인내가 주는 즐거움을 빼앗아갑니다. 돈을 먼저 지불하고 물건을 바로 받지 않으면 물건이 오기를 기다리는 동안 별도의 행복감을 추가로 얻는 셈입니다. 심지어 인내하며 느끼는 행복감은 바로 물건을 받았을 행복감을 넘어섭니다.

지나친 비교를 지양하라

많은 사람이 물건을 구매할 때 여러 제품을 끊임없이 비교하곤 합니다. 하지만 지나친 비교 행위로 인해 반드시 집중해야 하는 것을 놓치고, 그다지 중요하지 않은 부분에 집중할 수 있습니다. 또한 비교할 때 예상했던 것들이 실제 구매 후 사용하며 느끼는 것과 다를 수 있습니다.

유행을 따르라

현대 사회에서는 '차별화'를 강조합니다. 하지만 보통 유행을 따르는 것이 가장 안정적인 방법입니다. 한 연구에서는 물건이 마음에 들지 안 들지 예측하는 가장 좋은 방법은 다른 사람들의 만족도를 확인하는 것이라고 밝혔습니다. 그 때문에 온라인 쇼핑몰의 고객 리뷰는 매우 큰 참고 가치를 지니고 있습니다. 또한 그 리뷰를 통해 우리가 몰랐던 정보를 얻을 수도 있습니다.

자, 이제 우리는 돈으로 확실히 행복을 살 수 있으며, 소비 습관이 그 핵심임을 알았습니다. 비록 우리는 무한대로 돈을 쓸 수도, 무한대의 행복을 살 수도 없지만 올바른 소비를 통해 한정된 돈으로 최대한의 행복을 얻을 수는 있습니다.

C H A P T E R   3

예쁜 게
밥 먹여 주나?

미인 경제학

대답은 "그렇다!"
외모에 대한 편견은 전 영역에서 나타난다

"마지막에 인정받는 것은 외모가 아닌 실력이다."

어릴 때부터 귀에 박히도록 들어왔던 말입니다. 네, 맞아요. 저는 실력으로 승부하려는 '못난이'입니다. 하지만 지금은 완벽한 '외모지상주의'의 시대이죠. 소득 수준의 향상, 숏폼 콘텐츠의 유행, 현대 소비자들의 성장을 통해 외모에 대한 사람들의 열망과 관심은 더욱 커졌습니다. 외모는 백화점, 회사, 경기장, 클럽, 무대 등 많은 곳에서 중요시되며 사람들의 가장 큰 관심사가 되었죠. 예쁜 여성이 인기를 끄는 것은 당연합니다. 하지만 예쁜 게 밥 먹여 줄 수 있나요?

외모로 사람을 평가하는 것은 인간의 본능

전통사회에서는 외모가 아닌 실력을 중시했습니다. "외모로 사람을 평가한다."는 말이 부정적인 의미로 해석됐던 시대였죠. 하지만 예나 지금이나 외모는 단순한 생김새가 아닙니다.

'얼굴값'이란 무엇일까요? '얼굴'은 말 그대로 외모, 용모를 뜻하며, '값'은 수치의 높고 낮음을 의미합니다. '얼굴값'이란 한 사람의 외모, 인상, 몸매, 분위기, 태도 등 신체의 모든 특징을 종합한 매력 지수를 의미합니다. 매력 지수는 실제 가치를 지니고 있으며, 사람의 개성, 활동, 영향력, 이익과 매우 밀접하게 연관되어 있습니다.

외모를 수치화하는 목적은 당연히 우열을 가리기 위함입니다. 그래서 한 사람의 외모를 평가할 때 '얼굴값'이라는 단계를 나타내는 계량화된 단어가 사용되는 것입니다. 인터넷 시대를 배경으로 탄생한 이 단어는 네트워크가 발전하면서 단순한 호칭 그 이상의 의미로 쓰입니다.

사람은 신생아 때부터 매력적인 외모에 눈길을 더 준다고 합니다. 실제로 인간의 잠재의식은 '아름다움'을 '좋은 것'으로 인식하는 경향이 강해서, 나쁜 것은 피하고 좋은 것을 취하기 위해 이런 행동이 나타납니다.

'얼굴값'은 행동을 유도하는 평가 기준이며, 비록 단편적이기는 하지만 빠르고 간단하게 사물을 판단하도록 돕기 때문에 경제학에서 연구 가치가 충분합니다.

인간은 본능적으로 아름다움을 추구하며, 누구나 아름다움에 대한 갈망을 품고 있습니다. 아름다움은 인간의 이익과 매우 밀접한 관계가 있습니다. 2,000여 년 전, 철학자 아리스토텔레스는 제자들에게 다음과 같이 말했습니다.

"수려한 외모는 어떤 추천서 못지않게 효력을 지니는 법이다."

기나긴 인류의 진화 과정에서 외모로 사람을 평가하는 인간의 본능을 억제하고 '사람은 겉모습만으로 평가하면 안 된다.'라는 가치관을 끊임없이 강조해 왔지만, 이성과 도덕에 기반한 '반편견Anti-bias'*은 결국 인간의 본성을 뛰어넘을 수 없었습니다.

심리학자 코밀라 샤하니 데닝Comila Shahani-Denning의 보고서에 적힌 다음 내용이 이를 뒷받침해 줍니다.

"외모에 대한 편견은 모든 영역에서 나타난다. 예를 들어 선생님이 채점할 때, 유권자가 투표할 때, 배심원단이 판결할 때, 면접관이 지원자를 평가할 때 등 모든 상황에서 상대방의 외모에 영향을 받는다."

전통사회에서 외모는 무형 자산으로 그 가치가 충분히 이용되지 못했습니다. 인터넷 시대가 열리면서 사람들은 더 이상 외모에 대한 언급을 꺼리지 않으며, 외모는 일종의 상품으로 여겨지며 평가 기준이 생겨났습니다. 외모의 평가 기준이 생겼다는 것은 시장에서 유통

---

* **반편견**: 모든 사람을 존중하고 모든 사람에 대한 편견을 갖지 않는 것.

이 가능해졌다는 것을 의미합니다. '외모 경제'에서 다양한 산업 네트워크가 파생되며 성형, 뷰티 등 미용산업과 각종 셀피 장비 관련 산업 등이 생겨나 이례적인 호황기를 누리고 있습니다.

외모가 좋을수록 소득이 높다

'얼굴값' 메커니즘은 소비자가 상품을 선택하는 데 있어 엄청난 영향력을 발휘합니다. 그렇다면 개인 가치 실현에서도 영향력을 발휘할까요?

답은 "그렇다."입니다. 저명한 경제학자 대니얼 해머메시Daniel Hamermesh는 이 문제를 '얼굴값' 관점에서 20년 넘게 연구했습니다. 잘 알려진 그의 논문 「외모와 노동시장」에서 다음과 같이 밝혔습니다.

"외모와 일평생 노동을 통해 얻는 총소득은 상당히 강한 정비례 관계를 보여 준다."

외모는 연봉에 영향을 줍니다. 준수한 외모를 가진 근로자는 평범한 외모의 동료에 비해 연봉, 인센티브, 대우가 더 좋은 것으로 나타났습니다. 대니얼 해머메시는 이를 '미인 경제학Economics of good looks'이라고 정의했습니다.

그의 조사 연구에 따르면, 다른 요소가 같다는 전제 조건 아래 외모가 다소 떨어진다고 평가받은 남성들은 외모가 전국 평균치보다 연봉이 9% 낮았으며, 이는 시장에 의해 부과된 '어글리 페널티^{Ugliness} ^{penalty}'라고 합니다. 또한 같은 이치로, 다른 요소가 동일하다는 전제 조건 아래에서 외모가 뛰어나다고 평가받은 남성들은 전국 평균치 보다 연봉이 5% 높았으며, 이는 시장에 의해 부과된 '뷰티 프리미엄 ^{Beauty premium}'이라고 합니다.

여성의 경우, 외모가 안 좋다고 평가받은 여성들은 '어글리 페널티' 로 인해 전국 평균치보다 연봉이 5% 낮았으며, 외모가 뛰어나다고 평가받은 여성들은 '뷰티 프리미엄'으로 인해 전국 평균치보다 연봉 이 4% 높았습니다. 남성과 여성을 합산하면, 외모에서 안 좋은 평가 를 받아 '어글리 페널티'가 적용된 근로자들은 전국 평균치보다 연봉 이 7~9% 낮았고, 외모에서 좋은 평가를 받아 '뷰티 프리미엄'이 적용 된 근로자들은 전국 평균치보다 연봉이 5% 높았습니다.

한국 경제학자 이수형 교수와 류근관 교수는 「결혼과 노동시장의 성형수술 효과」라는 연구 논문에서 대니얼 해머메시의 미인 경제학 을 한 단계 더 확장했습니다.

그들은 본인과 배우자의 연봉이 '얼굴값'에 정비례한다는 사실을 발견했습니다. 외모가 뛰어난 남성은 보통인 남성보다 연봉이 15.2% 높았으며, 외모가 뛰어난 여성은 보통인 여성보다 연봉이 11.1% 높 았습니다. 외모가 뛰어난 남성의 배우자 연봉은 전국 평균치보다 18.8% 높았으며, 외모가 뛰어난 여성의 배우자 연봉은 전국 평균치 보다 12.7% 높았습니다.

그렇다면 성형수술을 한 경우, 어느 정도 시간이 지나야 연봉 상승과 배우자 연봉 상승이라는 결과를 가져다줄까요? 남성은 평균 1.3년, 여성은 평균 2.5년이 걸린다고 합니다. 성형수술의 최대 수혜자는 보통 이하의 외모를 보통 이상으로 변화시킨 그룹이며, 성형수술로 가장 적은 혜택을 본 그룹은 외모가 상당히 뛰어난 그룹이었습니다.

'얼굴값'과 연봉이 정비례하는 것은 당연한 걸까요? 네, 그렇습니다. 수많은 실증경제학 연구 결과에 따르면, '얼굴값'이 높은 사람은 노동 효율, 고용주의 인건비 회수율, 대출 승인율, 대출 우대 혜택 등에서 '얼굴값'이 낮은 사람보다 높은 수치를 보여 줍니다.

경제학자 어니스트 W. 킹 Ernest W. King 연구팀이 발표한 연구 결과에 따르면, 고용주는 외모가 괜찮은 직원에게 괜찮은 업무를 맡기고 높은 임금을 주는 경향이 있으며, 이것이 반드시 차별에 기인한 것이라고는 볼 수 없다고 합니다.

이 연구팀은 「외모와 부동산중개인의 노동 효율과 소득 관계」라는 논문에서 미국 동남부에서 규모가 가장 큰 부동산거래플랫폼의 부동산매매데이터베이스Multiple Listing Service, MLS를 인용, 분석했습니다. 그 결과 다른 요소가 동일하다는 전제 조건 아래 부동산을 매도할 때 고용된 중개인의 외모가 뛰어날수록 매도 금액이 상승했고, 매도인의 거래 이익이 커졌습니다. 이래도 과연 매도인이 외모가 뛰어난 부동산중개인을 선호하는 것이 단순한 차별이라고 볼 수 있을까요?

'뛰어난 외모가 더 큰 경제적 가치를 창출해 낸다.' 경제학에서는 이에 대해 어떻게 생각할까요?

경제학자 존 칼 숄츠 John Karl Scholz 의 연구팀은 「외모와 평생 소득」이라는 논문에서 그 해답을 제시했습니다. 그들은 학생들을 대상으로 '얼굴값'은 학생회, 동아리, 체육 프로그램 등의 특별활동 참여율, 자신감, 성격 특징 등과 강한 정비례 관계라는 것을 발견했습니다.

이러한 발견으로 외모가 뛰어난 학생이 학교생활 중 다양한 대외활동에 참여할 기회가 더욱 많으며, 이러한 경험을 통해 소통 능력, 리더십, 규칙 준수, 협동 능력 등 다방면에서 능력이 향상되고, 향후 노동시장에서 주목받는 인재가 될 수 있는 바탕이 된다는 것을 알 수 있었습니다.

요약하면, 인적자본 형성 방면에서 외모가 뛰어난 사람은 외모가 떨어지는 사람보다 더욱 빠른 속도로, 더 고차원적이고 광범위하게 발전한다는 것입니다. 이는 뛰어난 외모 그 자체의 장점 덕분이기도 하지만, 사회적 인적자본의 특징 때문이기도 합니다. 위 경제학자들은 뛰어난 외모도 생산성 자원에 속한다고 주장합니다.

예쁘고 잘생긴 사람은 보기만 해도 눈이 즐겁고, 고객의 관심을 끄는데 이를 '고객 선호도'라고 합니다. 고용주가 그들을 고용하는 목적은 바로 뛰어난 외모로 인한 외부효과를 생각해서입니다. 이를 통해 고객에게 만족감을 주고 재방문과 재구매를 끌어내는 것이지요. 물론 근로자의 뛰어난 외모만으로 고객의 관심을 끄는 업종은 소수에 불과하지만요.

경제학자들은 근로자 한 명에 대한 고용 비용은 단순히 해당 직원에게 지급하는 임금으로 결정되는 것이 아니라, 동료들의 행복도와도 관련이 있다고 말합니다. 새로 온 근로자가 어울리지 못할수록 근무 환경은 열악해지고 동료의 행복감도 떨어집니다. 이런 경우에 회사는 직원들의 퇴사를 막기 위해 임금 인상이라는 방법을 통해 근로자의 불만을 해소할 수밖에 없습니다. 이는 결국 신입 직원의 고용 비용을 높이는 간접적 요인이 됩니다.

선거에서도 '외모'가 통한다

미국 플로리다 대학의 티모시 A. 저지 교수는 우월한 외모는 자신감을 높여주고, 결과적으로 더욱 쉽게 높은 연봉을 받을 수 있다고 주장했습니다. 다시 말해, 외모가 뛰어난 사람은 높은 자신감으로 더 적극적이고 주동적으로 기회를 포착하며 치열한 경쟁에서 더 뛰어난 능력을 발휘하여 연봉을 쉽게 높일 수 있다는 것입니다.

이는 공직자 선거에도 똑같이 적용됩니다. 스웨덴 룬드 대학의 이그네스 베르고미Ignace Bergomi 연구팀은 실험으로 이러한 내용을 증명해 냈습니다.

연구팀은 핀란드 선거에서 약 2천 명에 가까운 후보자를 분석했습니다. 그들은 핀란드 입후보자에 대해 전혀 모르는 외국인들에게 후

보자들의 사진을 보여 주고 외모에 점수를 매기게 했습니다. 그리고 그 결과를 선거 결과와 비교했습니다.

비교 결과, 외국인들이 가장 외모가 뛰어나다고 평가한 입후보자가 실제 선거에서 성공을 거두었습니다. 이 실험 결과가 대니얼 해머메시의 연봉 조사 결과와 다른 점은, 선거에서 외모의 영향력이 남성보다 여성에게서 더 크게 나타났다는 것입니다.

《이코노미스트》에서도 이와 비슷한 내용을 발표한 적이 있습니다. 인간을 포함한 모든 동물 사회에서 외모가 뛰어난 사람이 리더가 되면 커리어에서 최고 업적을 남길 가능성이 매우 커집니다. 이때 키, 몸매, 목소리, 말투 등이 모두 중요하게 적용됩니다.

외모가 훌륭하면 이렇게 장점이 많지만, 그 이면에는 단점 또한 있습니다. 예를 들어 의사는 외모가 뛰어난 환자에 소홀하기 쉽습니다. 예쁘거나 잘생긴 환자는 치료 과정에서 불이익을 받을 수 있습니다. 사람들은 생김새와 안색을 건강과 결부시키는 경향이 있는데, 이 때문에 외모가 뛰어난 사람이 병에 걸리면 그다지 심각하게 여기지 않곤 합니다. 의사가 외모가 뛰어난 환자를 치료할 때 증상을 세심히 살피지 않는다는 연구 결과도 있습니다.

가장 최악은 주변에 사람이 없을 정도로 뛰어난 외모를 가진 사람들입니다. 미모 대신 고독을 얻은 셈이지요. 1975년에 진행된 한 연구에서, 사람들이 길에서 예쁜 여성을 마주쳤을 때 일부러 피하는 경향이 있다고 밝혔습니다. 이러한 행위는 존중에서 나온 것일 수도 있지만, 외모 때문에 주변 사람들이 거리를 두는 것이지요. 외재적 매력은 시각적으로 많은 에너지를 만들어 냅니다. 하지만 그로 인해 다른 사람들이 쉽게 다가오지 못하기도 하지요.

　재미있는 사실이 하나 있습니다. 유명 온라인 소개팅 사이트의 보고서에 따르면, 못생긴 사람보다 빼어난 외모를 가진 사람이 데이트 상대를 찾기가 더욱 어렵다고 합니다. 어쩌면 이것은 못생긴 사람들이 데이트 상대에게 별다른 부담을 주지 않기 때문일지도 모릅니다.

'외모 경제'는 상품과 브랜드에도 적용된다

　사람은 예쁜 것을 선호하는 본능이 있습니다. 이를 크게 '감각자극 Sensory stimulation'이라고 통칭할 수 있으며, 여기에는 예쁜 것뿐만 아니라 좋은 향과 부드러운 촉감도 포함됩니다. 만약 눈앞에 좋은 상품들이 산더미처럼 쌓여 있다고 합시다. 일반적으로 예쁜 상품을 봤을 때의 첫 반응은 '정말 예쁘다'이고, 그다음 반응은 '갖고 싶다'라는 욕구가 생겨납니다. 그런 다음에야 '어디에 쓰지'라는 이성적 사고를 하게 됩니다. 이런 의사결정 과정을 통해 제품을 살지 말지가 결정됩니다.

　특히 지금의 MZ세대는 물질적으로 비교적 풍요로운 시대에서 좋은 교육을 받으며 자랐기에 미(美)에 대한 안목과 기준 역시 크게 향상되었습니다. 미적 요소는 그들의 구매 행위에 있어 매우 중요한 부분이 되었죠.

이런 시대적 배경을 바탕으로 '인플루언서 커머스' 시대가 열렸습니다. 인플루언서가 런칭한 예쁘고 특색 있는 제품들이 입소문을 타고 엄청난 매출로 이어지는 사례가 늘어나기 시작했죠. 의류, 화장품, 식품, 인테리어 용품, 캠핑 용품, 자동차 용품, 반려동물 용품 등 다양한 카테고리에서 인플루언서의 브랜딩 제품이 크게 유행했습니다. 그들은 제품의 외관 디자인에 특별히 공을 들였는데 SNS에 예쁜 사진을 업로드하면 사람들은 그걸 보는 것만으로도 대리만족과 구매욕을 느꼈습니다. 이것이 바로 그들이 사진 몇 장으로 엄청난 매출을 올리는 비결입니다.

우수한 외관 디자인의 가치는 바로 소비자의 관심을 끌고 신규 고객을 유치하는 데 있습니다. 하지만 우수한 품질이 뒷받침되지 않으면 고객의 재구매와 충성고객 형성은 불가능합니다. 상품은 디자인과 품질, 두 마리 토끼를 모두 잡아야 합니다. 기업은 R&D 투자를 늘리고 혁신적인 제품 개발을 통해 '반짝' 인기가 아닌 오랜 기간 사랑받는 온라인 커머스 제품을 출시해야 합니다. 현대의 소비자들은 정보가 많고 선택의 폭이 넓습니다. 디자인이 마음에 들어 첫 구매를 할 수는 있지만 품질에 실망한다면 빠르게 소비자에게 외면당할 것입니다. 디자인이 예쁘다는 것은 당연히 좋은 일입니다. 하지만 거기에 개성과 차별성이 없다면 소비자들의 사랑을 받기 어렵습니다. 마찬가지로 한 사람을 평가하는 요소도 처음엔 외모지만 그다음은 재능, 결국엔 인품입니다.

PART 2

비즈니스에 필요한 필수 경제 지식

Common sense economy

CHAPTER 4

가게에서
할인쿠폰을 나눠 주는 이유

가격차별

제품 가격에는 가격차별의 요소가 숨어 있다
그들이 차별하는 대상은 '돈 있는 사람들'이다

저는 10년간 요리사로 일하면서 수석 주방장의 자리에까지 올랐습니다. 얼마 전에는 제 이름의 가게를 위해 식당 하나를 차렸습니다. 작은 식당을 오픈했고 매장 내 취식은 물론 배달 애플리케이션을 통해 배달 서비스도 함께 진행하고 있습니다. 박리다매 원칙에 따라 가격은 거의 원가에 맞춰서 아주 저렴하게 책정했습니다. 손님을 모으는 게 먼저라고 생각했거든요.

하지만 장사는 제 뜻대로 되지 않았습니다. 제 요리는 맛도, 품질도 주변 식당들보다 훨씬 뛰어납니다. 배달 애플리케이션에서 후기도 좋은 편이고요. 그런데도 가격은 20% 낮습니다. 하지만 왜 이렇게 손님이 없을까요? 특히 싼 가격에 맛 좋은 음식을 제공하고자 하는 제 전략이 잘 안 통하는 것 같아요. 재방문이나 재구매율도 너무 낮습니다.

그러자 배달 애플리케이션의 관리자가 하루는 저희 매장을 살펴보고는 가격을 조금 높이고, 쿠폰을 사용하는 방식으로 지금의 가격으로 할인해 주는 방법을 써 보라고 조언하더라고요. 조금 번거롭긴 했지만 어쨌든 한번 해 보자는 심정으로 시도해 보았는데 정말 배달 매출이 많이 올랐습니다.

그런데 한 가지 궁금한 점이 있습니다. 왜 가격을 올린 다음 쿠폰을 사용하는 걸까요? 고객들도 사실 쿠폰을 사용하려면 다운도 받아야 하고 번거롭잖아요. 그냥 바로 제품 가격을 내리면 될 것 같은데 말입니다. 심지어 일부 고객은 쿠폰이 있다는 것도 몰라요. 이런 고객들에겐 제가 어떻게 알려 주는 게 좋을까요?

할인쿠폰은 일종의 가격차별이다

메뉴 가격은 매장을 운영할 때 매우 중요한 부분입니다. 가격이 너무 높으면 고객들이 선뜻 들어오기 쉽지 않고, 방문량이 적으면 고객이 더 줄어드는 악순환을 낳습니다. 그렇다고 가격이 너무 낮으면 매일 만들 수 있는 수량이 제한적이므로 설령 고객이 많이 온다고 해도 일부만 수용할 수 있어서 오히려 더 많은 이익을 포기하게 될지도 모릅니다.

가격의 균형을 잘 맞추면 고객 유입량도 적당히 유지할 수 있습니다. 고객들 역시 만족할 만한 가격으로 맛있는 요리를 먹으면 또 찾아오고 싶은 마음이 생기지요. 그래서 적절한 가격의 균형 지점을 찾아내는 것이 핵심입니다. 그렇다면 비즈니스의 관점에서 메뉴 가격을 어떻게 정해야 할까요?

혹시 예전에 KFC나 맥도날드 같은 패스트푸드점에 방문해서 각종 쿠폰으로 할인을 받아 구매했던 경험, 있으신가요? 지금은 각종 비즈니스 애플리케이션에서 전자 쿠폰을 발행해 사용하고 있습니다. 왜 판매자들은 할인쿠폰을 사용하는 걸까요? 그냥 제품 가격을 낮추면 더 많은 고객을 끌어들일 수 있지 않을까요? 왜 이 번거로운 고생을 사서 하는 걸까요?

사실 판매자도 고객도 이 과정이 귀찮긴 합니다. 하지만 할인쿠폰 제도가 이렇게 오랫동안 사랑을 받아온 데는 분명히 그 이유가 있습니다.

아이스크림을 파는데 현재 재고가 두 개 남았고, 비용은 하나당

200원만 들이면 된다. 두 사람이 아이스크림을 사러 왔다. A 손님은 700원을 내겠다고 하고, B 손님은 500원을 내겠다고 한다. 당신은 가격을 얼마로 책정할 것인가?

700원으로 하면 하나밖에 못 팔고 500원을 남길 수 있습니다. 나머지 하나는 팔지 못합니다. 500원으로 하면 두 개 다 팔 수 있고 600원을 남길 수 있습니다. 그럼 500원으로 정하는 것이 맞을까요? 하지만 아쉬운 점이 있습니다. A 손님이 원래는 700원까지 낼 의향이 있었는데 500원에 팔기 때문입니다. 물론 손님 입장에서는 당연히 고마운 일입니다. 200원을 아끼니까 공돈을 벌어가는 것 같은 느낌이죠.

경제학의 관점에서 보자면 이 200원은 '소비자 잉여'입니다. 소비자 잉여가 많을수록 당연히 고객의 기쁨도 커집니다. 하지만 판매자는 마음이 시립니다. 원래 손님이 돈을 더 내고자 하는 의지가 있었는데 가격을 낮게 책정하는 바람에 그 돈이 자신의 주머니가 아닌 손님 주머니로 들어갔으니까요.

그럼 700원을 내려고 했던 손님이 그대로 700원을 내고, 500원을 내려고 했던 손님은 그대로 500원을 내게 하려면 어떻게 해야 할까요?

가격을 700원으로 정하고 200원짜리 할인쿠폰을 적용하는 겁니다. 단, 할인쿠폰을 적용하는 방식에 조금 복잡한 조건을 걸어놓는 거예요. 그럼 어떤 일이 일어날까요?

A 손님은 원래 700원을 생각하고 있었기 때문에 그 가격을 그대로 받아들이고 구매합니다. B 손님은 비록 700원이지만 쿠폰을 받으면 본인이 원하는 만큼 할인 적용을 받을 수 있습니다. 할인받아 돈을 오히려 벌어간다는 느낌이 약간의 복잡함을 뛰어넘기 때문에 그는 쿠폰을 다운받아 기쁘게 돈을 내고 물건을 삽니다.

각각의 소비자들은 가격 수요에 대한 탄력성이 다릅니다. 다시 말하면 가격에 대한 민감도가 제각각입니다. 쿠폰이 없으면 절대 그 상품을 사지 않는 사람이 있는 반면, 할인쿠폰은 별 신경 쓰지 않는 사람도 있습니다. 그래서 판매자가 쿠폰을 적용하지 않고 바로 가격을 낮춘다면 일부 수입을 손해 보는 셈입니다.

경제학에서는 이러한 전략을 일컬어 '가격차별Price discrimination'이라고 합니다. 단, 여기서의 차별은 나쁜 뜻이 아닙니다. 물론 긍정의 뜻도 아니에요. 차별의 대상은 쿠폰을 사용하는 사람이 아니라 오히려 사용하지 않는 '돈 있는 사람'입니다. 경제학의 정의에 따르면 가격차별은 실제로 일종의 가격 차이를 만듭니다. 동일한 상품을 구입자에 따라 다른 가격으로 판매하면 그것을 수용하는 사람들 사이에서는 각자의 서로 다른 판매 가격이나 소비 기준을 형성하게 됩니다.

가격차별이 발생하는 이유는 경영자는 정당한 이유가 없는 상황에서 동일한 상품이나 서비스를 구매자에 따라 서로 다른 가격으로 판매하기 때문입니다. 가격차별은 독점기업이 이윤을 극대화하기 위해 선택하는 일종의 가격 책정 전략입니다.

1급 가격차별: 흥정

비즈니스 역사에서 가격차별은 수많은 사례를 통해 풍부한 이론을 형성해 왔습니다. 경제학자들은 가격차별의 정도에 따라 이를 세 종류로 구분합니다.

첫 번째는 1급 가격차별입니다. '완전 가격차별Perfect discrimination'이라고도 하는데 단위별 재화의 가격이 전부 다릅니다. 1급 가격차별의 전제조건은 판매자가 제품에 대한 소비자의 지불 의향이 있는 금액을 정확히 아는 것입니다. 이를 토대로 가격을 결정하고, 확정한 금액은 제품에 대한 소비자의 수요 가격과 맞아떨어집니다. 그래서 모든 소비자의 소비자 잉여를 남김없이 가져가는 것입니다.

1급 가격차별에서 판매자는 고객이 구매하는 모든 단위의 상품에 다른 가격을 책정합니다. 어떤 상황에서 이런 현상이 발생할까요?

자주 볼 수 있는 예가 길거리 노점상입니다. 그들은 처음에 아주 높은 가격을 불러놓고 흥정을 통해 소비자가 마음속으로 생각하는 '심리 가격'을 알아냅니다. 이로써 소비자가 원하는 가장 높은 심리 가격에 맞춰 제품을 판매합니다. 이러한 소비는 보통 '비공식 제품'에 적용됩니다. 규격화된 공식 시장 가격이 없어서 개인의 판단에 따라 심리적 가격을 책정하기 때문입니다.

풍경이 아름다운 해변의 한 리조트에서 여행을 추억할 겸 기념품을 하나 사고 싶었다. 해변에는 작은 상점들이 즐비해 있었고 매대에는 각종 기념품이 전시되어 있었다. 모두 현지에서 만든 수공예 제품으로 다른 도시에서는 잘 볼 수 없는 것들이었다.

여기저기 둘러보다가 마음에 드는 기념품 하나를 발견하고는 가격을 물었다. 사장은 당신을 한 번 쓱 훑어보더니 "6만 원까지 해드릴게요."라고 말했다. 비싸다는 생각이 들어 흥정을 시작했다. 4만 원까지 가격이 내려갔고 흔쾌히 지갑을 열었다.

얼마 지나지 않아 한 여성이 당신과 똑같은 기념품을 사러 왔다. 사장은 그녀를 한 번 훑어보았다. 명품 가방에 명품 팔찌에 명품 원피스를 걸치고 있었다. "수공예 제품이에요. 딱 이거 하나 있습니다. 이거 하나 만드는 데 며칠이 걸려요. 40만 원은 주셔야 합니다." 그녀는 바로 40만 원을 결제하고 기쁘게 돌아갔다.

그 기념품의 원가가 얼마일까요? 그건 중요하지 않습니다. 이게 바로 '누울 자리를 보고 다리를 뻗는' 1급 가격차별입니다.

2급 가격차별: 구매량에 따라 다르게 가격 설정

같은 제품이라도 소비자가 필요한 양은 각각 다릅니다. 가령 혼자 사는 사람에게는 식기가 하나만 필요합니다. 혹은 손님들이 오는 경우를 대비해 두세 개 정도 더 있으면 좋겠죠. 그런데 판매자가 100개 세트로 사면 반값으로 할인해 주겠다고 했습니다. 그렇지만 그는 정상가로 그냥 2인 세트를 구매할 거예요. 많은 양은 필요 없으니까요.

하지만 식당을 오픈한 경우라면 100개 세트가 필요할 수도 있습니다. 이것이 바로 소비자의 '수요 가격 탄성'입니다. 소비자의 수요에 따라 단위당 가격을 다르게 설정하는 것입니다.

바로 이러한 상황을 겨냥해 생겨난 것이 바로 '2급 가격차별'입니다. 판매자가 소비자의 수요 곡선을 파악한 뒤 구매량에 따라 가격을 다르게 설정합니다. 이로써 판매량을 늘리면서 수량별로 다르게 구매할 때 발생하는 '소비자 잉여'를 챙기는 것입니다.

2급 가격차별의 경우 판매자가 고객별 특성을 완벽하게 파악하기는 어렵지만 고객 선호도의 다양성을 이해하고 있으므로 가격 및 부수적 조건이 여러 가지 포함된 방안을 제시합니다.

구매자의 각도에서 보면 스스로 결정하고 선택할 수 있으므로 판매자가 제시한 방안 가운데 본인의 소비자 수요 곡선에 맞는 것을 고르면 됩니다. 그렇게 최종적으로 판매자와 고객 사이에 합의된 의견을 도출해 구매량과 가격의 최대화를 실현합니다. 예를 들어볼게요.

힘들게 휴가를 내서 여행을 온 당신. 방금 구매한 기념품 말고 동료들에게 줄 선물을 조금 더 사고 싶다. 그래서 이번에는 냉장고에 붙일 마그네틱을 파는 가게에 들렀다. 사장은 하나당 3천 원에 주겠다고 했지만 당신은 2천 원으로 깎았다.

"10개 사면 좀 더 깎아주시나요?"

사장은 그럼 5천 원 더 깎아서 1만 5천 원에 주겠다고 했다. 이제 마그네틱 하나당 가격은 1,500원이 되었다. 값을 지불하고 물건을 담는데 사장이 말했다.

"10개 더 사면 만 원만 받을게요."

당신은 고민하기 시작했다. 많이 살수록 더 이득이었다. 방금 전 10개만 사면 단가가 1,500원이지만 10개를 더 사면 천 원으로 낮아진다. 이 값으로 동료들에게 선물을 더 많이 할 수 있다는 생각에 기분이 좋아진 당신은 10개를 더 구매해 총 20개를 구매했다.

구매량에 따라 가격을 정하면 많이 살수록 이득입니다. 그래서 많은 매장에서 '두 벌에 20%, 세 벌에 50% 할인' 같은 판촉 활동을 합니다. 이 이벤트가 바로 2급 가격차별에서 비롯한 것입니다.

한편 경제학에서는 '역방향 2급 가격차별'의 개념도 있다고 말합니다. '정방향'은 방금 살펴본 것처럼 많이 살수록 가격이 저렴해지는 현상이고, '역방향'은 말 그대로 많이 살수록 가격이 올라가는 현상입니다.

모바일 데이터가 대표적입니다. 스마트폰이 막 출시되었을 때 사용해 본 사람들은 알 겁니다. 아마 다들 '데이터 요금제' 상품을 사용했을 거예요. 그런데 요금제에 주어진 데이터양을 초과해 사용했다가 요금 폭탄을 맞았던 경험이 다들 한 번쯤은 있을 겁니다. 당시 대학생이었던 저는 생활비가 그렇게 많지 않았습니다. 그래서 항상 데이터 사용량 때문에 노심초사했었지요. 매달 요금제에 포함된 데이터를 다 사용하고 나면 다음 달 1일까지 기다리는 수밖에 없었습니다. 그런데 기숙사 룸메이트 중에 집이 부자인 친구가 하나 있었어요. 걱정 없이 데이터를 사용하는 그 친구를 보면서 마냥 부러워했던 기억이 있습니다. 이러한 '역방향' 2급 가격차별의 본질은 구매력이 높은 소비자들로부터 최대의 이윤을 이끌어내는 것이죠.

전체적으로 보면 고객을 분류하여 관리하는 것입니다. 구매력이 높은 소비자들에게서 '소비자 잉여'를 많이 만들어 낼 수 있기 때문입니다. 그래서 그들만을 겨냥한 제품 키트나 판매 모델을 만들어 '돈 있는 사람'들의 돈을 벌어들이는 것이죠. 그러니 가격차별을 받는 대상은 부유한 사람들입니다.

3급 가격차별: 타깃별로 다르게

3급 가격차별은 '신호 선택^{Selection by indicators}'이라고도 합니다. 이는 소비자의 특징에 따라 시장을 몇 개로 분할해 각 시장에서 서로 다른 가격을 설정하는 것입니다. 이로써 가격이 가장 높은 시장에서 최대의 이윤을 이끌어 냅니다. 동시에 가격 신호로 자원을 '조절'하여 각각의 시장에서 수익의 극대화를 실현할 수 있습니다. 공공자원을 배치할 때 주로 이 가격차별 전략을 활용합니다.

전기 누진제가 바로 이에 해당합니다. 보통 전기를 가장 많이 사용하는 시간은 낮입니다. 저녁, 특히 밤 이후로는 전기 사용량이 급감합니다. 그래서 낮에는 전기량이 부족하고 심지어 정전 사태가 일어나기도 합니다. 그런데 저녁이 되면 또 수요가 급감해 발전소에서는 일부 발전 설비 가동을 잠시 중단할 수밖에 없습니다.

전기 누진제가 바로 이러한 문제를 해결합니다. 사람들이 전기를 가장 많이 사용하는 시간대에 가격 차이를 두어 전기가 필요한 사람들에게는 전기를 공급하면서 이윤을 극대화합니다. 또 꼭 전기가 필요하지 않은 사람의 수요는 저녁으로 '옮겨' 자원의 균등한 이용을 실현합니다.

사용량이 몰리는 시기의 수요를 사용량이 적은 구간으로 '옮기는' 행위는 수익의 극대화뿐 아니라 설비 자원을 충분히 이용할 수 있게 하므로 판매자와 사회 모두에게 긍정적 의미를 지닙니다.

3급 가격차별의 경우 구매자의 특성을 정확하게 파악하면 기업은 고객의 정보, 특히 제품에 대한 고객의 지불 의사와 금액 정보를 바탕으로 서로 다른 가격을 책정합니다. 특정 국가의 제품 가격이나 회원별 할인, 캠퍼스별 소프트웨어 가격, 학생 할인 등이 이에 해당하지요.

3급 가격차별은 가장 보편적인 가격차별 형식입니다. 판매자는 구매자 단위를 집단으로 분류하기 때문에 그 특정 집단별로 서로 다른 가격이 형성됩니다. 이러한 행위를 '시장 세분화Market segmentation'라고 합니다. 이어서 사례를 살펴볼게요.

시간이 지나 지난번에 찾았던 해변 근처 리조트를 다시 찾았다. 그리고 다시 그 기념품 가게에 들렀다. 사장은 예전 그대로였고 매장도 그대로였다. 다만 제품이 훨씬 다양해졌다. 냉장고 마그네틱 종류만 서른 가지가 넘었다.
궁금해진 당신은 사장에게 이 제품들이 예전과 달라진 점이 무엇인지 물었다. 그러자 사장은 재질부터 시작해 공예법 등등 여러 가지가 모두 다르다고 대답했다.
마지막으로 "그래서 얼마예요, 사장님?"이라고 묻자 사장은 이전과는 완전히 다르게 아주 높은 금액을 말했다.

왜 그럴까요? 같은 제품이라도 소비자별로 그 의미가 다르기 때문입니다. 누군가는 단지 기념으로 남기기 위해 사지만 누군가는 정교한 품질과 독특한 느낌이 좋아서 구매하지요. 마그네틱의 종류가 그렇게 많은 이유는 각각의 소비자별로 원하는 바를 충족해 주기 위함입니다.

구매자의 특성을 잘 파악하는 것이 핵심

가격차별을 잘 활용하려면 판매자가 구매자들의 특성을 효과적으로 세분화해야 합니다. 이러한 차이는 구매자별로 욕구가 모두 다르고 구매량이 다르며 원하는 가격이 모두 다르기 때문에 나타납니다. 핵심은 판매자가 이러한 차이를 효과적으로 구분해 내는 것입니다.

항공사에서는 종종 티켓 파격 할인을 진행합니다. 그렇지만 아무리 '할인 축제'가 벌어져도 여기에 구애받지 않는 비즈니스 공무 관련 소비자들이 항상 존재합니다. 그들은 가격에 대한 민감도가 높지 않고, 가격이 얼마이든 계획된 출장은 떠나야 합니다.

그렇지만 고객이 '기업가' 혹은 '개인 여행'인지 판매자가 알 수는 없습니다. 그럼 항공사는 이러한 승객과 시장을 어떻게 세분화할까요?

아시다시피 할인 티켓에는 언제나 조건이 붙어 있습니다. '2주 안에 발권할 것', '왕복표는 주말에만 사용 가능', '목적지에서 1주 혹은 2주를 지내야 함' 등이 그것입니다. 하지만 상사의 지시를 받아 떠나는 업무 출장은 비교적 급한 볼일이 많습니다. 2주 전에 계획하고 표를 사는 사람은 많지 않아요. 그렇기에 출장을 가는 승객들은 티켓 할인 적용을 받기 어렵습니다.

가장 기가 막힌 건 목적지에서 주말을 보내야 한다는 조건입니다. 사실 회사 업무로 출장을 가면 아마도 컨디션 좋은 호텔에서 머물 테고 출장비도 지원될 겁니다. 주말을 보내려면 최소한 이틀 넘게 호텔에서 숙박해야 하는데 그러면 숙박 및 출장 지원비도 올라가지요. 게다가 주말을 보내고 돌아오니까 회사 출근일도 며칠은 줄어듭니다. 이렇게 받는 지원이 티켓에 적용받는 할인 폭을 훨씬 넘을 거예요. 그러니 현명한 기업가는 고작 그 '몇 푼' 할인에 목매지 않습니다. 그래서 업무 출장은 보통 주말을 넘어가지 않고 2주가 넘어가는 경우는 매우 드뭅니다.

할인 조건은 똑같이 적용되지만 이렇게 업무 출장을 가는 사람들에게는 아무런 매력이 없습니다. 할인 조건을 설정하면 항공사는 잠재적인 수요를 발굴할 수 있고 이러한 종류의 할인이 필요 없는 고객 집단을 선별해 낼 수 있습니다. 따라서 항공사는 가격차별을 통해 원만한 성공을 얻어 내는 것이죠. 모 항공사에서 내건 '주말에 마음껏 비행' 프로모션이 대성공을 거둔 이유가 바로 여기에 있습니다.

많은 경우 차별은 적은 비용으로 위험을 피해 가는 전략이 되기도 합니다. 명품 매장의 직원들은 손님의 행색을 보고 단번에 그에 맞는 응대법을 생각해 냅니다. 물론 이러한 고객 응대법에 반감을 느끼는 사람들도 많지만, 바꿔 생각해 보면 그들의 방법이 틀린 것은 아닙니다. 사실 직원들도 시간은 제한적인데 같은 시간 안에 여러 고객이 동시에 서비스를 요구하면 그중에서 선택해야 합니다. 그러면 당연히 겉보기에 구매력이 커 보이는 고객을 선택할 수밖에 없겠지요.

인터넷 시대, 더 은밀히 진행되는 가격차별

인터넷 시대의 발전으로 소비자 간의 정보는 점점 투명해지고 있습니다. 그러면 이러한 가격차별 현상은 점점 더 줄어들었을까요? 인터넷에서는 정보의 전달 효율이 매우 높습니다. 잘못된 가짜뉴스나 '찌라시'가 개인 미디어를 통해 얼마든지 빠르게 유통될 수 있기 때문에 차별의 대가는 높아지고 눈에 보이는 차별 행위는 점점 줄어들고 있습니다. 하지만 이는 어떤 의미에서 보면 차별이 더욱 은밀하게 진행된다는 뜻이기도 합니다.

온라인 판매자들은 전통적인 가격차별처럼 '사람을 보고 가격을 정하는' 방식을 취하기 어렵습니다. 어떤 소비자는 사과를 500g에 400원 주고 샀는데 누구는 100원을 주고 산다면 곧바로 인터넷상에 흔적이 남습니다. 일단 그 사실이 소비자에게 발각되면 바로 '불공평하다', '판매자가 비양심적이다', '다시는 안 산다' 등의 댓글과 후기가 올라오겠지요.

판매자가 소비자들의 마음을 살피면서 더 많은 '소비자 잉여'를 얻어 내려면 어떻게 해야 할까요?

인터넷 시대에는 쿠폰을 다운로드하는 것처럼 소비자가 스스로 움직여 상대적으로 복잡한 과정을 거쳐 혜택을 누리게 합니다. 일종의 '사용자 노동'의 개념입니다. 이로써 정상가에 구매하는 소비자와 할인 혜택을 받는 소비자 사이에 심리적 균형을 이루면서 판매자는 높은 이익을 얻을 수 있으니 진정한 '윈윈'을 실현하는 셈입니다.

소셜커머스에서 자주 진행하는 이벤트 중에 하나를 소개해 볼게요. 특정 물건을 구매하고 싶은 소비자 A가 있습니다. 가격이 조금 비싸다고 여긴 그는 친구나 가족, 지인을 초대해 공동으로 제품을 구매하면서 가격을 낮춥니다. 소비자는 할인 혜택을 받고 판매자는 비용을 들이지 않고 '무료 광고'를 진행하니 둘 모두에게 이득입니다.

똑같은 제품을 사고 싶은 소비자 B는 가격에 민감한 편이 아닙니다. 그래서 그는 정상가에 바로 결제했습니다. 판매자는 이로써 높은 이윤을 챙깁니다.

이렇듯 소셜커머스는 사용자의 노동과 서로에게 이득이 되는 가격 차별 방안으로 가격에 민감한 소비자에게는 할인 혜택을, 그렇지 않은 소비자에게는 정상가에 편안하게 구매할 기회를 제공합니다. 이 것은 할인을 적용받으려면 쿠폰을 내려받아야 하는 상술처럼 결국에는 판매자에게 이익을 안겨 줍니다.

몇몇 소셜커머스의 비약적인 발전도 이 가격차별 전략을 잘 사용한 덕분입니다. 여러 사람이 공동으로 구매하면 바로 가격이 떨어지고, 정해진 몇 사람을 채우면 또 가격이 내려갑니다. 이런 방식으로 똑같은 상품이라도 고객의 '노동 정도'에 따라 가격이 달라지고, 구매 의사가 있는 잠재고객을 끌어들일 수 있습니다. 심지어 구매 의사가 없던 소비자도 '같은 그물'에 낚을 수 있습니다.

모두를 만족시키는 가격차별

한 베이커리에서 새로운 케이크를 3만 9천 원에 출시했습니다. 일정 기간이 지나자 판매량이 점점 줄어들기 시작했습니다. 점장은 매출을 올리기 위해 가격을 2만 9천 원으로 내렸습니다. 똑같은 제품의 가격을 단기간에 만 원이나 내린 겁니다. 이렇게 하면 새로운 고객은 많이 끌어올 수 있겠지만 원래 3만 9천 원에 구매했던 고객들을 잃어버리는 셈이니 만원의 수익도 없어집니다.

그래서 경험이 있는 점장들은 이렇게 바로 가격을 내리지 않습니다. 특별한 가격을 정해 놓고 부가 조건을 답니다. 가령 케이크 사진을 SNS에 업로드한 뒤 '좋아요' 100개를 받으면 정상가 3만 9천 원인 제품을 2만 9천 원에 주는 이벤트를 진행하는 것이죠. 이러한 '사용자 노동'을 통해 자연스럽게 가격 정책을 구분합니다.

호텔의 경우 온라인 예약 사이트에서 예약을 진행하면 사전 예약일이 언제냐에 따라 가격이 변합니다. 그런데 가격에 민감하지 않은 고객들, 특히 급하게 호텔에 묵어야 하는 고객들에게 중요한 건 가능한 한 빨리 예약할 수 있고 편리하며 깨끗하고 시간을 아낄 수 있는 호텔이어야 한다는 점입니다. 대신 금액은 좀 높겠죠. 반면 가격에 민감한 고객은 다소 번거로운 과정을 거치더라도 사전에 미리 여행을 계획하고 날짜를 확정해 할인 혜택을 받아 갑니다.

정기적인 프로모션 행사도 똑같습니다. 간접적으로 제품에 차별 가격을 책정해 높은 수익을 챙깁니다.

한 카페에서 원래 한 잔에 4천 원에 판매하는 아메리카노를 매주 주말에는 2천 원에 판매하는 이벤트를 진행한다고 하면, 가격에 민감한 소비자는 주말까지 기다렸다가 커피를 구매할 거고, 그렇지 않은 소비자는 그냥 마시고 싶을 때 마음대로 구매할 겁니다.

쇼핑몰에는 주말마다 엄청난 할인 행사를 진행합니다. 주말에 '월급쟁이'들을 밖으로 끌어내기 위한 전략입니다. 그렇지 않으면 그들은 집에만 처박혀 있느라 따로 소비하지 않을 거예요. 동네 마트에서 주말마다 할인행사를 진행하는 이유도 '어머니'들에게 기회를 풀어놓기 위함입니다. 안 그러면 다들 재래시장에서 장을 볼 테니까요.

청년층에게는 마트 광고 메시지가 오지 않는 이유가 뭘까요? 매일 너무 바쁘니까요. 그래도 마트에 가서 장 보는 걸 좋아하는 청년들은 판촉 행사에 별로 신경 쓰지 않습니다. 물론 그들도 재래시장 채소 가격이 훨씬 싸다는 건 압니다. 그래도 복잡한 과정을 거치지 않고 마트에서 정상가에 사는 게 더 마음이 편한 거예요. 마트는 이런 판촉 행사를 통해 이윤의 극대화를 실현하는 것입니다.

가격차별을 즐기는 소비자도 있다

소비자가 기꺼이 '차별'을 즐기는 경우도 있습니다. 사람의 행동과 의사결정은 종종 이성에서 벗어나기도 하는데 판매자는 이러한 소비자의 비이성적 행동을 이용해 '차별'로 인한 손해를 봤다는 느낌이 들지 않게 유도합니다. 심지어 소비자가 '차별'을 즐기도록 만들기도 합니다.

베블런을 비롯한 제도경제학자들은 "어떤 물건을 구매할 때, 사람들은 그 제품의 사용 가치뿐 아니라 자신의 부와 지위, 계층을 드러낼 수 있는지에 주목한다."라고 지적했습니다. 이 주장에 따르면 상품은 실질적인 기능적 가치와 존재를 드러내기 위한 가치, 2가지를 포함합니다. 후자의 가치는 시장 가격 결정과 연결되는 개념으로 사치품이 비쌀수록 구매욕이 강해지는 이유입니다. 경제학에서는 이러한 현상을 '베블런 효과 Veblen effect'라고 합니다. 가격이 오르는데도 일부 계층의 과시욕이나 허영심 등으로 수요가 줄어들지 않는 현상을 일컫는 말입니다.

판매자가 '가격차별'과 '베블런 효과'를 결합하면 최고의 효과를 볼 수 있습니다. 항공사는 비행기의 좌석 등급을 경제력에 따라 구분하여 특별한 서비스를 제공합니다. 이러한 우월감이 바로 소비자에게 기꺼이 '차별'을 즐기게 하는 요소가 되는 것입니다.

사람에 따라 다르게 적용되는 '가격차별'은 때로 '위화감'이나 '형평성' 등의 문제로 소비자의 불만을 사기도 합니다. 다음은 소비자의 비합리적인 특징을 이용해 이 '위화감'과 '형평성'을 훌륭하게 제거한 사례입니다.

혹시 '와일드리프트'라는 온라인 게임을 들어보셨나요? 게임에는 '스킨'이라고 하는 각종 유료 아이템이 있습니다. 장착하면 화려한 효과를 볼 수 있어서 사용자들에게 많은 사랑을 받지요. 게임 속에서는 지정 상점에서 일종의 '스킨' 할인행사를 진행합니다.

행사에서 모든 플레이어에게 '스킨' 할인 혜택을 받을 기회를 추첨을 통해 무료로 한 번씩 제공합니다. 여기에 당첨되면 '스킨'을 구매할 때 상응하는 혜택을 받을 수 있습니다.

먼저 여기서 지정하는 '스킨'은 보통 플레이어가 게임에서 가장 많이 플레이하는 롤에 맞는 '스킨'입니다. 이로써 구매욕을 한껏 끌어올립니다. 또 할인행사는 비정기적으로 진행되는데, 플레이어마다 추첨에서 뽑은 할인율이 모두 다릅니다. 이것은 명백한 '가격차별'입니다.

하지만 앞에서 분석한 결론과는 완전히 다르게 여기에서는 소비자별로 다르게 적용하는 '가격차별'이 반감이나 원망을 사지 않습니다. 오히려 플레이어들의 소비 열정을 부추깁니다. 왜 그럴까요?

무엇보다 '불확실성'이 '위화감'을 없애기 때문입니다. 플레이어가 추첨에서 당첨된 할인율은 분명히 랜덤으로 뽑힌 게 아닙니다. 그들의 소비 데이터를 근거로 산출해 낸 결과이지요. 하지만 플레이어들은 그렇게 생각하지 않습니다. 당첨 결과를 운으로 돌립니다.

다음으로, '닻 내림 효과'가 작용하기 때문입니다. '닻 내림 효과'는 사람이 어떤 사람이나 사물을 평가할 때 첫인상 혹은 처음 접한 정보의 지배를 많이 받는 현상을 말합니다. 바닷속에 닻을 내린 배처럼 사람의 생각이 한곳에 '정박'된 것을 일컫는 현상이지요.

게임 속 '상점'에서는 정상가가 '닻'이 되어 고객에게 '참고 기준'이 됩니다. 이렇게 정상가와 할인 후의 가격을 비교하게 만들어서 유저들 간에 비교 현상을 약화시킵니다. '닻 내림 효과'로 소비자에게 수확의 기쁨을 제공하면서 일종의 '구매하는 게 곧 돈을 버는' 느낌을 제공합니다.

가격차별의 원리를 이해했다면 앞으로는 물건을 구매할 때 제공되는 쿠폰을 보면서 판매자의 '작은 성의'를 느낄 수 있을 거예요. 그럼 이제 식당 메뉴 가격을 어떻게 정해야 할지, 조금 감이 오나요?

음료수를 무한 리필해 줘도
식당은 괜찮을까?

한계 효용

무한 리필이 무한대로 먹는다는 뜻이 아니다
망하기는커녕 승승장구한다

얼마 전에 식당을 오픈했는데, 저희 매장에는 제가 특별히 개발해 낸 음료가 있습니다. 복숭아주스인데 일종의 '치트키'라고 할 수 있겠네요. 그래서 가격도 한 잔에 2천 원으로 정했습니다. 싸진 않지요. 그런데도 반응이 꽤 좋습니다. 이 주스를 마시려고 오는 손님이 있을 정도입니다. 단품 주문으로만 따지자면 매출을 올리는 데 효자 노릇을 톡톡히 하고 있습니다.

그런데 얼마 전에 근처 경쟁 식당에서 우리가 판매하는 것과 비슷한 복숭아주스를 한 잔에 1,500원씩 팔기 시작했습니다. 그것도 '무한 리필'로요. 그러자 고객들이 다 그곳으로 몰렸어요.

저희 점원이 한 잔 사 와서 맛을 보았는데 맛 차이가 크게 나더라고요. 맛이 그렇게 다른데도 사람들은 왜 그 식당으로 몰리는 걸까요? 단지 500원 더 저렴할 뿐인데 말입니다. 그래서 저도 고민하다가 회원가격을 적용하기로 했어요. 간단한 회원가입 절차를 마치면 한 잔에 1,300원에 구매할 수 있게 했지요. 효과가 아예 없는 건 아니지만 그렇다고 아주 좋진 않습니다.

저도 '무한 리필' 방법을 써볼까 했지만 혹시 인기가 너무 좋아져서 망하는 건 아닌가 하는 걱정이 들더라고요. 옆 가게가 '무한 리필' 때문에 결국 망하는 꼴을 볼 때까지 기다려야 하는지, 아니면 저도 똑같이 해야 하는 건지 잘 모르겠습니다.

무한 리필은 펩시와 코카콜라 덕분에 탄생했다

'무한 리필'은 미국에서 처음 시작되었습니다. 맥도날드, 버거킹 같은 패스트푸드 매장에서 일종의 특별 서비스 개념으로 음료를 무한으로 리필해 주기 시작한 것입니다. 그게 나중에는 전 세계로 퍼져 나갔고 현재 많은 식당에서 적용하고 있습니다.

'무한 리필'은 말 그대로 제한 없이 계속 먹고 싶은 만큼 먹을 수 있다는 의미입니다. 한 잔 가격에 무한대로, 배가 충분히 부를 때까지 먹을 수 있습니다. 매번 잔을 그득그득 채워서 돌아오면 이런 생각이 들기도 합니다. '이 집 사장님은 이렇게 퍼 줘서 남는 게 있나?'

판매자 입장에서 이 제품으로 벌어들이는 수입은 제한적입니다. '밑 빠진 독'처럼 계속해서 비용이 들어갈 거예요. 그렇다면 '무한 리필'은 상술에 어긋난 것처럼 보입니다. 그런데도 왜 많은 매장에서 이 서비스를 적용할까요?

먼저 '무한 리필'의 배경에 관해 알아볼게요.

알다시피 콜라 시장의 거대 양대 산맥은 펩시콜라와 코카콜라입니다. 승패를 가를 수는 없지만 어찌 되었든 두 기업의 경쟁으로 콜라 시장은 나날이 커지고 있습니다. 두 회사 모두 100년이 넘는 역사와 전통을 자랑하며, 현재 200여 개의 국가 및 지역에서 제품을 판매하고 있다는 점은 같지만 기업이 추구하는 핵심 전략은 다릅니다.

코카콜라는 음료만 취급합니다. 마케팅을 통해 브랜드 파워를 키우고 채널을 확장해서 판매 범위를 넓혀 갑니다. 펩시는 웰빙 라이프와 관련한 혁신을 추구합니다. 현재 전체 업무 가운데 외식 및 음료 업무가 각각 절반씩을 차지합니다. 펩시의 자회사 가운데 '얌!Yum! Brands, Inc.'이라는 브랜드가 있습니다. 천천히 발전하다가 1997년 펩시콜라에서 떨어져 나와 독립적인 외식 브랜드를 만들어 세계적인 외식 체인 가운데 하나로 성장했습니다. 현재 글로벌 100개 국가와 지역에 3만 5천 개의 프랜차이즈점과 100만 명 이상의 직원을 보유하고 있습니다.

주의 깊게 살펴본 사람은 알겠지만, KFC에서는 펩시콜라만 판매합니다. KFC의 모회사 '얌!' 브랜드가 펩시에서 나왔기 때문에 둘은 전략적인 파트너십을 맺고 있습니다.

펩시콜라의 라이벌인 코카콜라는 '얌!'이 운영하는 프랜차이즈 레스토랑에서는 판매될 수 없습니다. 경쟁상대니까요. 이것은 외식업에 대부분의 매출을 의존하는 코카콜라에게 매우 큰 도전입니다. 그래서 코카콜라는 KFC의 라이벌인 맥도날드와 전략적 파트너십을 맺었습니다. 그래서 맥도날드에서는 코카콜라만 마실 수 있습니다.

펩시와 KFC가 '태생적'으로 끈끈한 관계를 유지할 수밖에 없기에 코카콜라와 맥도날드는 전략적 협력 관계를 보장하기 위해 더 큰 비즈니스 이익을 얻어야만 했고, 아울러 서로의 발전을 촉진하기 위해 노력했습니다. 매출을 확대하기 위해 코카콜라는 맥도날드에 공급하는 제품 공급가격을 대폭 낮추었습니다. 여기에 발맞춰 맥도날드 역시 코카콜라에게 오랜 기간의 협력 관계와 신뢰를 확보해 주고 있습니다.

그렇지만 맥도날드는 매장을 방문하는 고객 가운데 '펩시파'가 있다는 점도 무시할 수 없습니다. 만일 매장에서 코카콜라만 판매하고 펩시를 구할 수 없다면 고객을 고스란히 KFC에 빼앗길 수 있습니다. 이러한 소비자들을 확보하고 서로에 대한 의존도를 높이기 위해 맥도날드가 취한 전략이 바로 '음료 무한 리필'입니다.

이 전략은 사실 어느 정도 이윤을 포기하면서 고객이 코카콜라를 아무런 부담 없이 받아들이게 하여 맥도날드에 오래 남아 있게 하기 위한 방법입니다.

그런데 그 효과는 코카콜라와 맥도날드의 예상을 훨씬 뛰어넘었습니다. 기존 고객이 기쁘게 코카콜라를 마실 뿐 아니라 참신한 정책으로 더 많은 신규 고객을 끌어들였죠. 더 중요한 건 '음료 무한 리필'이 특별히 비용이 더 많이 들어가거나 자원이 투입되어야 하는 전략이 아니었다는 점입니다. 그래서 KFC 역시 뒤따라 '음료 무한 리필' 정책을 취했고 점점 더 많은 패스트푸드점이 같은 방식을 도입하기 시작했습니다.

많이 먹는 게 남는 것이다?

'음료 무한 리필'이 비용 부담을 늘리지 않는 이유가 뭘까요?

사람들은 뷔페를 좋아합니다. 기본적으로 1인당 3~4만 원은 하니까 언뜻 비싸 보입니다. 그렇지만 음식 종류가 많고 무한정으로 먹고 마실 수 있으므로 작정하고 많이 먹을수록 이득입니다. 그런데 사실 뷔페에 가 본 사람은 알겠지만 접시 하나에 음식을 골고루 담아야 해서 자칫 욕심을 부려 너무 많이 담으면 남기기 일쑤입니다.

많이 먹을수록 이득인데 왜 자꾸 음식을 남길까요? 왜 사람들은 뷔페에 가면 평소에 먹는 양보다 훨씬 많이 담을까요?

뷔페를 가든 식당에 가서 단품으로 요리를 주문하든, 모든 행위는 경제학과 관련이 있습니다. 사람은 언제나 이해득실을 따져 보고 자신에게 유리한 쪽을 선택하니까요. 사실 이것은 매우 중요한 경제학 개념인 '한계 효용Marginal utility'과 연관됩니다. 단위 상품 혹은 서비스가 추가(혹은 감소)될 때마다 얻어지는(혹은 줄어드는) 상품 혹은 서비스에 대한 효용을 '한계 효용'이라고 합니다.

그런데 사실 이렇게 말하면 무슨 뜻인지 잘 모릅니다. 쉽게 풀어 볼게요. 우리가 어떤 결정을 내릴 때 지금의 이 결정으로 새롭게 추가되는 수익은 얼마인지, 비용은 얼마인지를 생각합니다. 추가 수익이 추가 비용을 초과하는 경우, 이 행동을 수행하는 것이 타당하며 그 반대의 경우도 마찬가지입니다.

뷔페와 식당 요리를 비교해 볼게요. 뷔페는 먹는 양에 상관없이 비용이 고정입니다. 1인당 4만 원이면 그 비용을 내고 들어가서 추가비 없이 모든 요리를 마음껏 먹을 수 있습니다. 그러니까 내가 좋아하는 음식을 더 많이 먹는다고 비용이 추가될까 봐 걱정하지 않아도 됩니다. 그러다 보니 최대한 접시에 많이 담으려고 합니다.

하지만 주문 요리는 다릅니다. 요리 하나를 추가할 때마다 비용(한계 비용)이 늘어나므로 주문할 때마다 이 요리가 가져오는 수익이 투자하는 비용보다 높은지를 따져 봅니다. 만일 대답이 긍정적이면 계속 주문을 합니다. 다만 한계 비용이 존재하기 때문에 주문하는 요리의 전체 양은 일반적으로 뷔페에서 소비하는 요리보다 적습니다.

뷔페와 주문 요리의 한계 비용이 다르므로 행동의 선택 방식도 달라집니다. 얼마 전, 틱톡에 업로드된 영상에 두 미녀가 5성급 호텔 뷔페에서 꽃게를 먹는 내용이 등장했습니다. 한 사람당 40마리씩 먹는 바람에 레스토랑에 있던 재고가 모두 소진되었고, 결국 다른 호텔에서 꽃게를 빌려다가 즉석에서 요리해 주는 해프닝까지 벌어졌습니다. 10시 반이 되어서야 식사를 마친 그들은 그제야 만족스러운 얼굴로 식당 문을 나왔습니다. 하나씩 주문해서 먹는 요리였다면 그런 기록을 세울 수 있었을까요?

'한계 비용'의 개념은 뷔페뿐 아니라 일상에서 일어나는 거래에서도 찾아볼 수 있습니다. 어떤 결정을 내릴 때 우리는 단위 비용이 아닌 한계 비용을 고려합니다. 항공사가 이륙 직전에 가장 저렴한 가격으로 티켓을 '땡처리'하는 일이 있는데 이때 티켓 가격은 모든 좌석이 분담하는 비용보다 훨씬 낮은 수준입니다. 왜 그럴까요?

비행기는 정해진 시간에 만석 여부에 상관없이 이륙해야 합니다. 따라서 전체적인 비용이 이미 확정된 상황이기 때문에 승객이 몇 명이든 비용은 기본적으로 정해져 있는 거죠. 따라서 비행기 표를 한 장씩 추가로 판다고 해도 '한계 비용'은 '0'에 가깝습니다. 이때 만일 추가 판매하는 티켓을 100원만 더 비싸게 받는다고 해도 새롭게 늘어나는 수익이 100원이므로 전체적으로 보면 가만히 놔두는 것보다는 파는 게 낫습니다.

그래서 추가로 판매한 이 티켓은 그 자체(단위)로는 적자지만, 전체 수익의 각도에서 보자면 '한계 비용'이 제로이기 때문에 '한계 수익'은 '+'가 되므로 놔두는 것보다 파는 게 이득입니다.

한계 효용 체감의 법칙

'한계 효용 체감'이란 어떤 사람이 재화나 서비스를 소비함에 따라 느끼는 주관적인 만족도(혹은 필요도)가 점차 감소하는 현상을 가리킵니다. 한계 효용 체감은 현대 경제학에서 발견한 매우 중요한 법칙입니다.

그럼 다시 뷔페 이야기로 돌아가서 생각해 볼게요. 4만 원을 내고 뷔페에 가면 보통 배가 터지기 직전까지 먹습니다. '본전을 뽑기' 위해 계속 먹고 또 먹고, 더는 먹을 수가 없을 때까지 먹는 거죠.

그렇게 하면 확실히 4만 원을 허투루 쓰지 않은 것 같은 느낌이 듭니다. 그렇지만 너무 많이 먹어서 속이 불편하죠. 이는 다른 말로 하면 자신의 수요 범위를 초과했기 때문에 오히려 부정적 효익을 초래했다는 뜻입니다.

사실 얼마를 먹든지 이미 지불한 4만 원은 돌려받을 수 없습니다. 4만 원을 낭비했는지 아닌지는 먹는 양과는 아무런 관련이 없어요. 그렇지만 사람들은 돈을 쓰면 최고의 만족을 얻어 내려고 합니다. 만족도가 최고로 올라가야 비로소 하던 행동을 멈춥니다. 뷔페에 가서 계속 먹지 않으면 만족도는 하락하고 그로 인해 상처를 남깁니다.

'음료 무한 리필'도 똑같은 원리입니다. 언뜻 보기에는 '밑 빠진 독'처럼 보이는 정책입니다. 그렇다면 고객들은 실제로 몇 잔씩 마실까요? 제 경우는 많이 마셔 봤자 한 잔 더, 그러니까 두 잔까지 마시고 가끔 테이크아웃용으로 한 잔 더 채워 갑니다. 그게 끝입니다.

이는 음료에 대한 사람의 욕망이 제한적이기 때문입니다. 음료를 마시는 횟수가 늘어날수록 거기에서 얻는 만족과 즐거움은 줄어듭니다. 이것이 바로 '한계 효용 체감'의 법칙입니다.

한계 효용 체감은 왜 나타나는 것일까요? 생리적인 각도에서 보자면 효용은 일종의 신경 흥분제 역할을 합니다. 우리가 모종의 서비스나 제품을 소비할 때 쾌감을 느끼는 이유는 신경이 상응하는 만족감(생산효용)을 얻기 때문입니다. 그런데 같은 자극이 중복해서 발생하면 흥분의 정도가 줄어듭니다(한계 효용 체감).

다시 말해 외부 자극이 반복적으로 발생하면 물품의 실제 효용은 변함이 없음에도 소비 수량이 증가함에 따라 소비 주체가 느끼는 효용성은 점점 줄어든다는 뜻입니다.

'무한 리필'이 '무한대로 먹는다'는 뜻은 아니다

한계 효용은 이론적으로 보면 마이너스가 될 수 있지만 실제 이성적인 소비자는 그런 상황이 최대한 발생하지 않도록 조절합니다. 왜냐하면 모종의 서비스나 제품의 효용이 '0'에 가까워지면 소비자는 더 이상 그것을 소비하지 않고 소비의 방식을 바꿔 다른 욕망을 충족시킴으로써 더 큰 효용을 얻어 내기 때문입니다.

앞서 한계 효용 체감의 법칙을 이야기할 때 언급했던 개념 가운데 중요한 한 가지가 바로 '동일 물품'입니다. 소비자는 서로 다른 물품에 대해 느끼는 만족도가 다릅니다. 게다가 어떤 종류의 물품을 연속으로 소비하는 경우 각각의 소비품이 가져오는 자극이 뚜렷하면 만족도 역시 크게 올라가고 한계 효용도 변합니다.

예를 들어 당신이 처음으로 스마트폰을 구매했다면 효용은 매우 높습니다. 매일매일 사용하지요. 그런데 업무상의 이유로 스마트폰을 하나 더 구매했습니다. 두 번째 스마트폰의 효용은 첫 번째보다는 낮습니다. 이후에 화면이 큰 디바이스가 하나 더 필요하다면 이제는 화면이 큰 스마트폰보다는 다른 종류의 태블릿PC를 고려하게 됩니다.

활발하고 활동적인 아이에게 한 가지 놀이만 시키거나 한 가지 장난감만 주면 좋아하지 않습니다. 놀이 방식을 계속 바꿔 주고 노는 장소를 계속 바꿔 주어야 신기함을 느끼고 기뻐하지요.

그런데 모바일 게임은 열 시간을 넘게 해도 질리지 않는다고 말하는 사람이 있습니다. 대체 왜 '게임의 한계 효용'은 줄어들지 않는 걸까요? 모바일 게임은 사실 우리가 말하는 '동일 물품'의 개념에 부합하지 않습니다. 어떤 게임은 매번 새로운 플레이어와 플레이를 하고 새로운 롤을 선택하기 때문에 사용하는 아이템이나 전술도 다릅니다. 매번 불확실성이 가득하기 때문에 번번이 새로운 자극을 느낍니다.

이것은 한계 효용 체감의 법칙이 '동일 물품'에는 적용되지만 서로 다른 물품을 소비할 때는 적용되지 않는다는 걸 설명해 줍니다.

한계 효용 체감의 법칙은 일상생활에서도 광범위하게 사용됩니다. 다시 간단한 예를 들어 볼게요.

쇼핑몰에 가면 '2벌 20%, 3벌 30% 할인'을 하는 행사 제품을 많이 볼 수 있습니다. 그런데 왜 '4벌 40%, 5벌 반값' 행사는 없을까요? 옷에 대한 사람들의 수요에 한계가 있기 때문입니다. 백화점에서 판매하는 옷은 보통 소매가가 10만 원을 넘어갑니다. 두 번째 옷은 할인을 적용받는다고 해도 최소 8만 원이 넘습니다. 두 벌까지 사는 사람은 많이 있을지 모르지만 30% 할인 적용이 된다고 해도 세 벌을 구매하는 사람은 많지 않습니다. 해당 상품에 대한 만족도가 이미 채워졌기 때문입니다.

흔히 "연애는 3년째, 결혼은 7년째 헤어지기 쉽다."고 말합니다. 왜 그럴까요? 배가 고플 때는 소 한 마리도 먹어 치울 수 있을 것 같은데,

막상 소고기 2인분을 먹고 나면 더는 먹고 싶다는 생각이 안 듭니다. 왜 그럴까요?

한계 효용 체감의 법칙을 통해 답을 알 수 있는 일상의 문제들은 이외에도 매우 다양합니다. 한계 효용 체감의 법칙은 '무한 리필'에 존재하는 함정을 정확하게 설명할 수 있습니다. 첫 번째 잔을 마실 때는 기쁘게, 꿀꺽꿀꺽 마십니다. 이제 배가 어느 정도 부르기 때문에 두 번째 잔은 첫 번째만큼 만족을 주지 못합니다. 세 번째 잔은 대부분 거절합니다. 배가 너무 불러 더는 먹을 수 없기 때문이지요. 더 마시면 부담이 됩니다.

이렇게 생각하면 이제 궁금증이 풀리지 않나요? 판매자가 '무한 리필' 정책을 내세워도 사실 한 사람이 마실 수 있는 최대량은 세 잔입니다. 게다가 음료만 마시나요. 다른 음식도 같이 먹잖아요. 그래서 '무한 리필'로 음식을 팔아도 판매자는 망하지 않습니다. 오히려 다른 제품의 매출이 올라가지요.

동쪽 벽을 허물어 서쪽 벽을 메워라

'무한 리필'의 비밀은 또 있습니다. 어떤 식당은 심지어 음료수 코너를 따로 설치해 놓고 손님이 마음껏 '무한 리필' 서비스를 즐길 수 있게 합니다. 리필이 필요할 때 따로 직원에게 부탁하지 않고 먹고 싶은 만큼 눈치 보지 않고 먹을 수 있게 하는 것입니다.

언뜻 보면 고객을 위하는 서비스처럼 보입니다. 그런데 사실 여기에도 또 하나의 상술이 숨어 있습니다. '무한 리필'을 통해 음료수 잔에 음료를 가득 채워 손님 테이블에 직접 가져다주는 일련의 서비스 과정을 모두 없애 버린 것이지요. 판매자 입장에서는 단순히 그 서비스만을 없앤 게 아닙니다. 이것은 인건비를 아끼는 데 탁월한 효과가 있습니다. 이로써 직원 한두 명을 덜 고용할 수 있지요.

원가가 저렴한 음료를 손님에게 무한으로 제공하는 대신 그에 상응하는 서비스 비용을 줄일 수 있으니 비용 전가가 가능합니다. 원래 직원이 해야 할 일이지만 손님은 기쁜 마음으로 눈치 안 보고 이용하니 모두에게 이득입니다.

'비용 전가'는 판매자들이 자주 사용하는 판매 방식 중 하나입니다. 어떤 매장에 방문하면 무료로 쿠폰을 증정해 주기도 하고 심지어 다른 업종 쿠폰을 나눠 주기도 합니다. 헬스장에 가서 회원 카드를 만들었는데 다이어트식 도시락 쿠폰을 준다든지, 와인 바에 가서 일정 금액을 소비하면 대리운전 쿠폰을 준다든지, 부대찌개를 먹으러 갔는데 근처 커피 쿠폰을 준다든지 하는 것들입니다. 왜 그런지 생각해 본 적 있나요?

사실 광범위한 소비자를 대상으로 정확한 마케팅을 한다는 건 쉽지 않습니다. 판매자가 잠재 소비자를 정확히 찾아내려고 광고 등을 진행하려면 돈도 많이 들지만 효과는 미미합니다. 광고를 본 사람 열 명 가운데 소비 욕구가 생기는 사람은 고작 두세 명밖에 안 될 수도 있거든요.

그렇다면 어떻게 잠재적인 소비자를 찾아낼까요? 다른 업종의 쿠폰을 무료로 나눠 주는 겁니다. 물론 당신이 현재 소비하는 서비스 및 물품과 매우 연관이 깊은 것들로요. 헬스장 회원들은 다이어트식에 관심이 많고, 와인 바를 이용한 손님은 대리운전 서비스를 이용할 가능성이 큽니다. 부대찌개를 먹은 사람들은 후식으로 커피가 마시고 싶을 겁니다.

이렇듯 다른 업종과의 자연스러운 연계를 통해 동일한 잠재 수요를 공유하고 트래픽을 끌어올립니다. 이로써 잠재고객을 정확히 발굴하여 구매욕을 자극할 수 있습니다. 그래서 이런 쿠폰들은 금액은 적어 보여도 포지셔닝이 정확하기 때문에 광고 등을 통한 마케팅 비용을 줄일 수 있습니다. 대신 판매자는 더 적은 비용으로 소비의 최대화를 실현합니다.

이 문제에 관해 한 기업가가 했던 말이 기억나네요.

"내가 판매하는 물건은 하나씩 보면 적자지만 하나로 연결하면 흑자다."

되로 주고 말로 받는 마케팅 방법

물론 모든 게 말처럼 단순하진 않습니다. '무한 리필'의 의의는 사실 이보다 더 크거든요. 이 마케팅의 핵심은 더 많은 손님을 끌어들이면서 매장의 다른 제품 가격에 대한 민감도를 떨어뜨리는 데 있습니다.

이것은 '주의력 경제Attention economics'를 적절히 활용한 사례입니다. 사람이 같은 시간 안에 집중할 수 있는 대상에는 한계가 있습니다. 소비자가 해당 식당의 최대 강점을 '무한 리필'로 삼았다면 대신 다른 제품의 가격에 대한 민감도는 무의식중에 떨어집니다. 음료를 무한대로 먹을 수 있는 상황에서는 옆집 식당 메뉴가 얼마나 더 저렴한지 잘 따져 보지 않아요. 설령 옆집이 더 싸다고 해도 음료수를 먹고 싶은 만큼 먹을 수 있으니까, 고작 몇 푼 아끼려고 다른 가게로 옮기진 않습니다.

각각의 제품 가격에 대한 민감도는 사람마다 다르지만 음료수처럼 가격이 저렴하거나 표준화가 높은 상품은 민감도가 큰 편입니다. 콜라 한 캔에 보통 700원 주고 사 먹는데 다른 가게에서 천 원에 판매한다면 괘씸하게 생각하지 않겠어요? 하지만 햄버거 가격이 보통 5천 원인데 음료 '무한 리필' 집에서는 5,500원에 판매한다면 별 거부감 없이 받아들입니다.

보세요. 콜라는 300원 더 받으면 다시는 안 가고 싶은 집이 되는 반면에 햄버거는 500원 더 받아도 정상이라고 느끼잖아요. 왜 그럴까요?

그건 제품별로 가격 민감도가 다르기 때문입니다. 판매자는 작은 걸 손해 보는 대신 큰 걸 얻어 와서 전체 수익을 올립니다. 그렇지만 소비자는 저가 제품의 큰 혜택(실제로 혜택 금액은 그렇게 크지 않지만)에 시선이 빼앗겨서 다른 제품의 가격 상승에는 별다른 거부감을 느끼지 못하죠.

경제학 이론에서 '가격 민감도'는 고객 수요의 탄력성 함수, 즉 가격 변동으로 인한 제품 수요의 변화로 표현됩니다. 시장에는 엄청난 변동성과 불확실성이 존재하는데 이러한 수치는 마케팅 전략을 짜는 데 직접 적용하기 어렵습니다. 심지어 때로는 기업의 경영 전략을 잘못된 길로 인도하기도 합니다. 그래서 가격에 대한 소비자의 심리를 연구하고 가격 민감도를 이해한 기업이야말로 마케팅에서 더 많은 주도권을 쥘 수 있습니다.

가격 민감도를 적절하게 활용하는 것이야말로 판매자가 자주 사용하는 '기술' 중 하나입니다. 대표적인 예가 '왼쪽 자릿수 효과Left digit effect'입니다. 소비자는 대부분 제품 가격을 볼 때 가장 왼쪽에 있는 숫자에 집중하는데 이 숫자를 보고 가격이 합리적인지 아닌지를 판단합니다. 예를 들어 2.99달러가 3달러보다 훨씬 더 싸다고 느끼는 겁니다.

연구에 따르면 매장 상품의 가격을 완전히 떨어지는 정수에 소수점을 포함한 가격으로 조정하면 판매량 상승에 큰 효과가 있는 것으로 나타났습니다. 또 평소 자주 구매하는 일상 소비재는 홀수로, 장기간 사용하는 내구재의 경우는 짝수로 가격을 책정하는 것이 효과적인데 홀수는 '절약'을 암시하고 짝수는 '명성'을 암시하기 때문인 것으로 나타났습니다.

가격 변동 부분에서 나타나는 소비자의 반응 역시 상이합니다. 판매자가 가격을 8만 9천 원에서 7만 5천 원으로 내렸을 때와 9만 3천 원에서 7만 9천 원으로 내렸을 때, 똑같이 1만 4천 원을 내렸지만 소비자들은 두 번째 조합의 할인 폭이 더 크다고 생각합니다. 가격을 볼 때 가장 처음에 나오는 숫자를 중시하기 때문입니다.

이번 장을 마무리하며 다시 처음의 사연으로 돌아가 이야기해 볼게요. 옆집이 '무한 리필'로 망하는 꼴을 볼 때까지 기다려야 하는지, 아니면 같이 '무한 리필' 전략을 취해야 하는지 고민 중이라고 했습니다.

제 생각에는 옆집이 '무한 리필' 때문에 망하는 건 어려울 것 같아요. 문제는 사연자분이 똑같이 '무한 리필' 전략을 취하느냐 마느냐입니다.

이런 마케팅에 적합한 제품에는 무엇이 있을까요? 일반적으로 이러한 제품들은 3가지 특징을 지닙니다. 원가가 낮고, 사람들의 관심을 끌 수 있어야 하며, 기타 비용으로 전가할 수 있어야 합니다. 이 3가지 조건을 모두 충족해야만 해요.

말씀하신 그 음료수는 자체적으로 개발한 메뉴이니 손님들의 이목을 끌기에는 충분합니다. 만일 원가가 낮고 가격도 낮은 편이라면 이 독특한 상품으로 충분히 고객을 끌어모을 수 있어요. 그러면 다른 제품(요리)을 더 많이 소비할 수 있을 테니 '무한 리필'의 취지에도 잘 부합합니다. 한번 시도해 보세요.

비즈니스에서
가장 비싼 비용은 무엇일까?

신뢰 비용

고객의 신뢰를 얻기 위해 판매자는 별짓을 다 한다
그러나 가장 중요한 것은 먼저 믿을 만한 사람이 되는 것이다

청년 창업가인 저는 개인적으로 '롱터미즘'을 중요하게 생각하는 장기주의자이고, '신뢰 우선' 경영을 해 나가려고 노력합니다. 우수한 품질의 제품으로 고객의 마음을 울리는 서비스를 제공해 소비자의 신뢰와 장기적인 수익을 확보하는 게 목표입니다.

지금까지 창업을 두 번 했지만 마음에 드는 결과를 얻지 못했어요. 예전에 운영했던 베이커리를 예로 말씀드릴게요. 저는 언제나 가장 좋은 밀가루를 사용했습니다. 방부제는 전혀 첨가하지 않았어요. 매일 빵과 케이크가 나오는 시간을 똑같이 정해 놓고 고객들이 오븐에

서 갓 나온 신선한 제품을 사갈 수 있게 했습니다.

그런데 아무리 노력해도 맞은편에 있는 케이크 전문점보다 늘 장사가 안 되더라고요. 그 집은 한눈에 보기에도 일반적인 밀가루를 사용했습니다. 심지어 맛을 내기 위해 업계 사람들만 아는 각종 첨가제를 넣었습니다.

저만의 신념을 가지고 열심히 했는데 어째서 고객들은 알아주지 않는 걸까요? 저는 정말 누구보다 정직하게 장사하고 싶은데 어떻게 하면 고객들에게 인정과 신뢰를 얻을 수 있을까요?

신뢰를 얻기 위한 판매자들의 노력

고객과 판매자는 영원한 대립 관계입니다. 앞에서 살펴보았던 '정보 비대칭'처럼 시장에는 구매자와 판매자가 파악하는 정보가 서로 다르므로 생각과 의견에 차이가 있을 수밖에 없습니다. 판매자는 제품에 대한 정보가 많으므로 비교적 우위에 있지요. 하지만 이러한 우위에도 위험은 존재합니다. 즉, 소비자의 불신입니다.

신뢰가 없으면 거래는 이뤄지지 않습니다. 판매자는 결국 판매를 위해 반드시 소비자의 신뢰를 얻어야 합니다. 소비자의 신뢰를 얻기 위해 판매자들은 어떤 노력을 할까요?

'2.8 이론'이란 게 있습니다. 80%의 이윤은 20%의 고객에게서 나온다는 말입니다. 신규 고객과 기존 고객의 이윤 공헌도는 얼마나 차이 날까요? 기존 고객 한 명을 유지하기 위해 투자하는 비용과 신규 고객 한 명을 새롭게 발굴하는 데 드는 비용에는 큰 차이가 있습니다. 여기에도 신뢰의 문제가 작용합니다. 신제품, 신규 브랜드는 고객의 신뢰를 얻기 위해 상상을 뛰어넘는 방법으로 사람들의 마음을 움직이고 각인시켜야 합니다.

화웨이가 'Mate 10'을 처음 출시했을 때, 프리미엄 브랜드의 이미지를 구축하고 튼튼한 제품 이미지를 각인시키기 위해 일종의 극단적인 전시 광고를 진행했습니다. 광고에는 화재 현장에서 나온 구급대원이 휴대전화 영상통화로 부인과 자녀에게 안부를 전합니다. 어린 딸은 화면 속에서 검은 재를 온통 뒤집어쓴 아빠의 모습을 보고는 휴대전화를 세면대로 가져가 얼굴을 씻겨 줍니다. 이 감동적인 장면이 얼마나 많은 사람의 마음을 울렸는지 모릅니다. 더 중요한 건 사람들이 이 광고를 통해 'Mate 10'의 강력한 방수 기능을 인식하게 된 것이지요.

마케팅 측면에서 보면 휴대전화를 세면대에 넣고 씻어 준 건 제품의 성능을 보여 준 것이죠. 이러한 마케팅을 '시나트라 테스트the Sinatra test'라고 합니다. 브랜드가 극단적인 장면을 설정하고 제품의 성능을 보여 주는 방법으로 소비자의 신뢰를 얻어 내는 방법입니다.

시나트라는 과학자도 경제학자도 아닌, 20세기 미국의 유명 가수 이름입니다. 그가 부른 명곡 〈뉴욕, 뉴욕〉에는 이런 가사가 나옵니다.

"내가 만일 그곳에서 해낼 수 있다면, 난 어디서든 해내겠지."

여기서 착안해 신뢰에 관한 원칙에 그의 이름을 인용했습니다. '시나트라 테스트'는 만일 한 영역에서 사람들이 신뢰할 만한 성과를 거둔다면 다른 영역에서도 비교적 쉽게 신뢰를 얻을 수 있다는 뜻입니다. 주로 아래와 같은 2가지 형식으로 드러납니다.

첫째, 선두 역할을 합니다.
거래처가 특별히 엄격하게 관리하는 매장에 제품을 성공적으로 입점시키면 다른 매장에는 손쉽게 입점할 수 있습니다.

둘째, 극단적 사례를 남깁니다.
대중의 이목을 끌기 위해 사회적 이슈가 되는 사건을 만들어 냅니다. 예전에 모 페인트 회사 대표가 자사 제품의 안전성과 인체에 무해하다는 사실을 증명하기 위해 매체에 등장해 페인트를 마신 일이 있었습니다.

가시 효과로 인지 편향을 깨뜨릴 수 있다

어떤 의미에서 눈에 보이는 가시 효과는 '가용성 편향 Availability bias'

을 역으로 이용한 것입니다. '가용성 편향'은 어떤 일을 예측 또는 선택할 때 대다수가 자신에게 익숙한 혹은 상상 가능한 것을 기반으로 정보를 얻는 현상을 말합니다. 그 결과 우리가 평소에 흔히 접하거나 연상하기 쉬운 정보에 과도한 비중을 부여합니다. 예를 들어 사무실에 이제 막 입사한 여사원이 제 휴대전화와 자동차가 검은색인 것을 보고 물었습니다. "남성은 보통 블랙을 좋아하죠? 제가 아는 남자들도 다 검은색 휴대전화를 쓰고 검은색 차를 타는 거 같아요." 이렇게 그녀가 내린 결론이 전형적인 '가용성 편향'에 해당합니다.

일단 이런 편향이 생기면 이후로는 자기도 모르게 검은색 휴대전화, 검은색 차를 타는 사람이 남자인지 아닌지 주의 깊게 살펴봅니다. 만일 남성이면 자신의 생각이 맞았다고 생각하고 심지어 자신에게 감탄하기까지 합니다.

판매자들은 이러한 소비자의 편견을 종종 마케팅에 활용합니다. 소비자가 과일을 선택할 때는 신선도를 중시합니다. 신선하지 않은 과일 하나를 발견하면 그 과일이 담긴 바구니의 나머지 제품도 모두 똑같을 거라고 생각합니다. 이걸 역으로 생각해서 과일 가게 사장이 일부러 과일에 붙은 나뭇잎을 떼지 않고 같이 전시해 두면 소비자는 해당 과일이 매우 신선하다고 생각하지요. 그럼 설령 멍이 들었거나 썩은 과일이 나와도 신선도 문제라고 생각하기보다는 운반 과정에서 뭔가 문제가 있었을 거라고 짐작합니다.

식당에 가서 밥을 먹을 때도 요리 과정이 위생적이지 않을까 봐 걱정될 때가 있습니다. 주방에서 요리하는 과정을 눈으로 볼 수 없으니 의심이 생길 수도 있지요. 심지어는 방금 수조에서 활어를 골라 놓고도 테이블에 올라온 생선이 다른 생선은 아닐까 의심하기도 합니다. 그래서 고객 앞에서 생선을 손질하거나 오픈 주방으로 모든 조리 과정을 고객이 볼 수 있게 인테리어를 새롭게 한 식당이 많이 생겨났습니다. 이 모든 것이 고객의 신뢰를 얻기 위한 노력입니다.

소비자 체험으로 신뢰를 끌어올린다

고객들이 눈으로 볼 수 있게 하는 것보다 더 확실한 방법은 소비자가 직접 체험할 수 있게 하는 겁니다.

자동차 대리점에 가면 고객들이 직접 시운전을 할 수 있게 해 줍니다. 당장 사려는 마음이 없더라도 일단 시운전을 요청하면 직원들이 아주 친절하게 응대해 주지요. 심지어 걸어가다가 밖에서 차를 구경만 하는데도 먼저 다가와 시운전을 요청하기도 합니다.

현재 신에너지 자동차는 인터넷으로 주문을 받기 때문에 오프라인 매장에서는 딱히 할 일이 없습니다. 하지만 판매자는 고급스러운 대리점을 차려 놓고 고객들을 불러 승차식도 해 보고 시운전도 할 수 있게 합니다.

왜 그럴까요? 자동차처럼 가격대가 높고 오래 쓰는 소비재는 안전성에 대한 요구가 높습니다. 더욱 안심할 수 있는 자동차를 사려면 고객 입장에서 아주 두터운 신뢰의 문턱을 넘어야만 합니다. 영업사원들이 그렇게 고객에게 시운전을 요청하는 이유도 직접 체험을 통해 신뢰를 형성하기 위함입니다. 사실 차를 잘 모르는 사람이라면 한번 운전해 본다고 해서 그 차에 대한 이해도가 갑자기 올라가거나 지식이 생기진 않습니다. 그러나 최소한 그 체험을 통해 신뢰를 쌓을 수는 있지요.

식품업은 그야말로 후각 마케팅이 절실히 필요한 영역입니다. 그래서 소비자들에게 감각적인 체험을 선사해 신뢰를 구축하는 게 무엇보다 중요합니다. 많은 베이커리에서 맛있는 빵 냄새(진짜 오븐에서 구워 나온 빵 냄새가 아닌)를 퍼트리기 위해 '확향기'를 사용한다는 사실을 아나요? 고소한 빵 냄새에 이끌려 소비자는 매장으로 발걸음을 옮깁니다.

권위 있는 기관이 방패 역할을 한다

우리는 태생적으로 권위를 신뢰합니다. 고대인은 자신이 판단하기 힘든 어려운 문제가 생기면 부락을 이끄는 촌장이나 수장을 찾아가 의견을 물었습니다. 마치 그들이 태어날 때부터 어떤 힘을 가지고 있다고 믿었던 것이죠.

로버트 치알디니 Robert Cialdini 의 유명한 저서 『설득의 심리학』에는 각 영역에서 권위 있는 전문가들이 소비자 신뢰에 미치는 영향이 자세히 묘사되어 있습니다. 사람들은 그들의 말뿐 아니라 그들이 하는 행동이나 일을 모두 믿으려는 경향이 있습니다.

건강에 관해 우리는 의사들의 의견을 신뢰합니다. 코로나19와 관련해 감염내과 의사가 등장해 상황이 잠잠해졌다고 말하면 사람들은 그대로 믿었습니다. 감염병 분야의 최고 권위자가 코로나 백신을 맞으면서 그 안전성을 강조하면 접종률이 올라갔습니다. 심지어 의사로 보이는 사람이 나와서 무슨 말을 하면 신뢰하려는 경향마저 있습니다. 일례로, 건강보조식품 광고에서 모델이 의사 가운을 입고 등장해 제품을 소개하면 판매율이 올라갑니다.

소비자는 권위 있는 기관도 무척 신뢰합니다. 제품의 기술에 관해 모르는 지식이 많으므로 전문적인 기관이 대신 믿을 만한 테스트를 해 주고 이로써 의사결정에 존재하는 위험을 덜어 주길 바라는 마음이 있지요. 광고에 '~의 인증을 거친' 등의 문구가 자주 등장하는 이유는 판매자가 자신의 실력을 과시하고 뽐내려는 게 아니라 이를 통해 자연스럽게 소비자의 신뢰를 얻을 수 있기 때문입니다.

미디어 역시 소비자의 신뢰를 구축하는 좋은 매개가 됩니다. 전문 영역의 미디어나 매스컴은 사용자의 신뢰도를 끌어올리는 데 효과적입니다. 공중파 방송에 광고를 투자하면 소비자의 신뢰가 자연스럽게 올라가는 게 대표적인 예입니다.

　때로는 가격을 인상하는 방법으로 소비를 이끌어 내기도 합니다. 많은 소비자가 비싼 물건이 저렴한 물건보다 훨씬 좋다고 생각하기 때문이죠. 혹은 비싼 제품이 저렴한 제품보다 소비자의 신뢰를 얻기 더 편하기 때문도 있습니다. 온라인 강의는 단계적으로 강의료가 올라가는데 사실 이는 잠재 소비자에게 '강의료가 올라가는 이유는 단계가 올라갈수록 내용이 더 알차기 때문'이라는 신호를 던지죠. '비싼 강의가 그 값을 한다.'는 사고방식은 잠재 수강생의 등록을 이끌어 내는 데 매우 중요한 역할을 합니다.

서비스 문제는 품질 보증으로 해결

　제품에 '수리, 환불, 교환' 패키지 서비스를 진행하는 것은 품질에 대한 일종의 담보 역할을 합니다. 소비자가 제품에 대한 신뢰가 없는 상황에서 한 번만이라도 체험할 수 있다면 '정보의 비대칭' 문제를 해결할 수 있습니다. 그러나 시종일관 경계 태세를 풀지 않는다면, 특히 가격이 비싼 제품이라면 품질 문제가 생길 때 어떻게 해야 할까요?

　'수리, 환불, 교환' 패키지는 말 그대로 제품의 환불과 교환을 보장한다는 뜻입니다. 이는 '정보의 비대칭'을 해결하는 데 아주 큰 도움이 됩니다. 대부분의 업체에서 물건을 구매할 경우 기본적으로 모두 '7일 내 교환 및 환불'이 가능합니다.

그런데 일부 기업은 여기에 더해 추가 서비스를 제공합니다. 전자제품은 이 3가지에 더해 무상 수리 기간 연장 서비스를 시행합니다. 지금 전자제품 매장에 가서 노트북을 구매한다면 아마 점원으로부터 이런 질문을 받을 겁니다. "품질 보장 연장 서비스를 추가로 구매하시겠어요? 노트북은 구매 후 1년 동안 무상 수리가 보장되지만 요금을 조금만 추가하면 3년까지 무상 수리가 가능합니다."

무상 수리 기간을 연장하는 비용은 비싼 편은 아니지만 추가 비용인 만큼 구매하는 사람이 많지는 않습니다. 하지만 왜 업체는 이런 정책을 쓸까요? 이걸로 돈을 많이 벌 수 있는 것도 아닌데 말입니다. 홍보를 위해서일까요? 사람들이 제품을 더 신뢰하게 하기 위해서일까요? 만일 그렇다면 왜 바로 3년 보장을 제공하지 않을까요?

이 질문에 대답하려면 먼저 어떤 사람이 무상 수리 연장 서비스를 구매하는지 살펴보아야 합니다. 이 서비스를 구매하지 않으면 1년 뒤에는 보장 기간이 끝나기 때문에 조심해서 제품을 써야 합니다. 만일 고장 나서 제품을 수리해야 한다면 본인 돈을 지불해야 하니까요.

그렇지만 워낙에 덤벙대는 사람들이 있어요. 컴퓨터 작업을 하다가 커피를 키보드에 자꾸 쏟는다거나, 출장을 자주 다녀서 캐리어 안에서 이리저리 굴러다니는 거죠. 혹은 제품을 정말 깨끗하게 쓰는 성격이라 액정에 흠집 하나 용납하지 않는다거나 팬이 돌아가는 소리를 절대 참지 못한다거나 하는 사람들이 있지요.

회사 비품용으로 컴퓨터를 구매한다면 여러 사람의 손을 타기 때문에 고장 가능성이 큽니다. 그래서 돈을 더 내서라도 무상 수리 서비스를 연장하려는 고객도 있습니다.

업체가 무상 수리를 제공하는 목적은 '정보 비대칭'을 해결하고 조심성 없는, 혹은 조심성이 너무 많은 고객들을 따로 선별해서 좀 더 높은 비용을 받으려는 데 있습니다.

이렇게 하면 제품의 품질을 확실하게 지키기 위해 과도하게 많은 한계 비용을 지불하지 않아도 됩니다. 예를 들면 완전 방수가 가능한 키보드를 써야 한다거나, 칼로 긁어도 흠집 나지 않는 튼튼한 액정을 사용해야 한다든가, 1미터 높이에서 떨어뜨려도 문제없는 본체를 써야 한다든가 하지 않아도 되는 거예요.

결국 업체는 제품이 그 정도까지 튼튼하지 않아도 되므로 비용을 절감할 수 있고, 소매가를 낮춰 경쟁력을 높일 수 있습니다. 다만 대가는 소비자가 제품을 사용할 때 조금 더 조심해야 한다는 점이죠. 하지만 심하게 덤벙대거나 까다로운 고객은 추가 비용을 내고 제품의 장기 사용을 보장받으면 됩니다. 만일 진짜로 3년 안에 고장 파손 등의 문제가 생기면 합리적인 범위 내에서 수리 및 교환을 진행할 수 있으므로 최종적으로 업체와 고객의 효익을 최대화할 수 있습니다.

브랜딩이 장기적 신뢰를 구축한다

무엇보다 중요한 것은 소비자의 브랜드 인지입니다. 이로써 소비자들의 마음속 이미지가 결정되고 최종 소비자가 행동에 영향을 미치기 때문입니다. 소비자가 어떤 브랜드에 관한 독특한 이미지나 기억이 있다면 브랜드와 밀접한 연결이 가능합니다. 이것이 브랜드 전략이 추구하는 중요 방향입니다.

한마디로 인지의 작용을 정리하면 "내가 누구인지는 중요하지 않다. 중요한 건 소비자가 나를 어떻게 인식하고 있느냐이다."라고 할 수 있습니다.

인지를 얘기하려면 '마음속 인지'라는 개념을 빼놓을 수 없습니다. "소비자들의 마음속에서 유리한 위치를 선점하라."라는 조언이 떠오르는 이유도 그 때문입니다.

브랜드 간의 경쟁은 소비자의 지혜에 따라 결정됩니다. 그래서 소비자의 마음속 인지 가운데 유리한 고지를 선점하는 것이 중요합니다. 우리가 잘 아는 시장의 브랜드들은 소비자의 마음을 사로잡기 위해 최선을 다합니다.

'인지'라는 것은 일단 한 번 형성되면 쉽게 바뀌지 않습니다. 생각이라는 게 일단 머리와 마음속에 자리를 잡으면 변하기 어려우니까요. 만일 소비자에게 자신의 제품을 잘 팔고 싶다면 소비자의 마음속에서 제품 판매에 유리한 인지 체계를 만드는 것이 무엇보다 중요합니다.

플랫폼으로 정보 비대칭을 해결한다

빠르게 온라인 기술이 발전하면서 플랫폼 역시 신뢰 문제를 해결하는 데 큰몫을 하고 있습니다. 집 계약, 중고차 거래 등이 전형적인 예입니다.

지금처럼 중고차 거래 플랫폼이 등장하기 전에는 중고차 거래 시장에서 거래가 매우 불투명하게 이뤄졌습니다. '정보의 비대칭'으로 거래 과정에는 높은 신뢰 비용이 필요했습니다. 가격도 가격이거니와 중고차의 품질이 사람의 생명과 직결되는 아주 중요한 문제였기 때문입니다.

사람들은 중고차 업계에서 알고 지내는 믿을 만한 사람이 없었기 때문에 최대한 돈을 벌어서, 혹은 대출을 받아서 새로운 자동차를 살 수밖에 없었습니다. 중고차 시장에 가서 차를 사는 사람은 정말 차를 잘 아는 전문가이거나, 주변에 그런 전문가가 있는 사람이었죠. 아니면 중고차 시장 사장이 자기 친구이거나요.

중고차 시장의 판매자와 구매자 사이에 '정보 비대칭'이 존재했기 때문에 구매자는 손실을 줄이고자 계속 가격을 낮추었고 그 결과 저렴한 불량 차가 시장에 더 많이 유입되었습니다. 결국 '굴러온 돌이 박힌 돌을 내쫓는' 현상이 나왔고 시장의 신뢰 문제는 날이 갈수록 악화되었지요.

중고차 시장은 이런 현상을 어떻게 극복했을까요?

최근 붐이 일고 있는 중고차 거래 플랫폼에서 그 답을 찾을 수 있습니다. 먼저 그들은 대량의 광고를 통해 플랫폼의 지명도를 단기간에 형성하고 플랫폼에 유입된 매물에 전문적인 검증을 진행했습니다. 그 후 품질 평가 결과에 따라 합리적인 가격을 책정했습니다. 동시에 플랫폼을 활용한 거래 증명서를 만들고 '비싸게 사면 2배 환불'이라는 약속을 내걸었습니다. 전문적인 A/S 서비스를 제공하고 구매자와 판매자 모두에게 공평한 대우를 제공했습니다.

이러한 노력으로 고객의 신뢰 비용을 줄여 나갔습니다. 일단 정보가 대칭을 이루고 신뢰가 형성되면 브랜드는 저절로 생깁니다. 정보가 비대칭을 이루는 매물만 많은 시장에서 실거래가 늘어나는 시장으로 바뀌는 일이 일어납니다.

따라서 플랫폼 경제는 본질적으로 일종의 신뢰 경제학과 같은 뜻입니다. 플랫폼은 구매자 보호에 뛰어나기 때문에 구매자의 신뢰를 얻어 더 높은 수익을 확보합니다. 또한 판매자에게는 진입 규칙을 설정해 신뢰받지 못하는 판매자는 아예 플랫폼에 등장하지 못하도록 관리합니다.

그 밖에도 구매자에게 각종 정보를 제공하고 판매자에게 점수를 매기도록 합니다. 이러한 기제를 통해 관리 감독의 기능까지 더해지면서 판매자들 사이에 상호 경쟁이 일어났습니다. 판매자 경쟁으로 구매자는 권익을 보호받게 되었고, 플랫폼은 구매자에게 더 매력적으로 다가왔습니다.

먼저 믿을 만한 사람이 돼라

위에서 말한 극단적인 광고나 가시성 확보, 소비자 체험 서비스, 권익 증명서, 품질 보증, 브랜드 인지, 플랫폼 등은 모두 본질적으로 소비자의 불신을 해결하기 위한 요소들입니다. 수많은 기업, 판매자가 이 방면에서 여러 시도와 노력을 하고 있습니다. 아마 질문을 던진 베이커리 사장님도 이번에 많은 시사점을 얻어 고객들에게 본인의 열정과 헌신, 정식함과 성실함을 잘 보여 주리라 믿습니다.

하지만 소비자에게 신뢰를 주는 노력은 눈에 보이는 현상에 불과합니다. 더 근본적인 것은 당신이 먼저 진실하고 신뢰할 만한 사람이 되는 것이죠. 그래야 당신만의 견고한 '신뢰 바운더리'를 형성할 수 있습니다. 신뢰는 비즈니스에서는 물론, 사회에서, 인간관계에서도 매우 중요하기 때문입니다. 어떤 상황을 막론하고 신뢰가 주는 영향은 예측을 뛰어넘을 정도로 큽니다. 그래서 상호 간의 신뢰로 예상치 못한 수확을 얻을 때도 많지요.

신뢰는 사실 측량 가능한 '성과 가속 페달'이라고 할 수 있습니다. 신뢰가 상승하면 효율도 올라가고 비용이 줄어들어 더 많은 이윤을 얻을 수 있기 때문입니다. 이것이 바로 신뢰가 주는 선물입니다. 신뢰받는 사람이 되려면 어떻게 해야 할까요?

이 문제에 관해서는 『신뢰의 속도』 저자 스티븐 M. R. 코비가 말하는 4가지 핵심을 기억해야 합니다. 그는 '진실함, 동기, 능력, 성과'를 강조합니다.

이 4가지는 한 사람의 신용도를 평가하는 중요한 기준이기도 하지만 스스로에게도 "나는 신뢰감이 있는 사람인가?", "나는 믿을 만한 사람인가?"라는 질문을 던질 때 중요한 척도가 될 수 있습니다.

먼저 진실한 사람임을 증명하십시오. 당신이 진실하고 믿을 수 있는 사람이며, 말한 것은 지키는 사람이라는 사실을 밝히세요. 둘째, 당신의 선한 동기를 증명하십시오. 누군가를 다치게 할 의도가 없다는 걸 증명하고 편견에 사로잡히지 않게 주의하세요. 셋째, 당신의 우수한 능력을 증명하세요. 당신이 속한 영역에서 충분한 전문 지식과 기능을 지녔다는 걸 밝혀 내세요. 넷째, 당신이 이뤄 낸 기록들을 증명하세요. 과거 여러 장소에서 당신은 이미 좋은 성과들을 많이 이룩했습니다.

누군가는 이 4가지를 증명해 낸다고 해도 남들의 신뢰를 받는 건 어렵다고 말합니다. 하지만 만일 특별한 물증이 없는 상황에서 이것마저 없다면 신뢰를 받기란 더 어렵습니다.

사실 누군가의 신뢰를 얻어 내려면 가장 먼저 자기 자신을 스스로 신뢰해야 합니다. 신뢰에 관한 이 4가지 요소를 기억한다면 자신을 정확하게 들여다볼 수 있으므로 앞으로 무엇을 개선해야 하는지도 알 수 있습니다.

이제 다시 처음으로 돌아가 볼게요. 정직하고 올바른 길을 따라 걸어온 한 사람으로서 다른 이의 신뢰를 받지 못하면, 단기간에 정당하지 못한 방법으로 돈을 버는 사람을 볼 때 내가 가는 이 길이 맞는지 의구심이 드는 게 당연합니다. 하지만 기억하세요. 시간은 정직한 사람의 편을 들어 줍니다. 당신의 정직함을 충분히 보여 주면 고객들은 천천히 당신의 진가를 알아볼 것이고, 당신의 빵과 케이크도 점점 더 많은 사람의 신뢰를 얻게 됩니다.

왜냐하면 이런 '장사꾼'이야말로 고객이 정말 원하는 사람이기 때문입니다. 신뢰가 가득한 환경에서 사는 사람은 영혼의 충만함과 만족감을 느낍니다. 신뢰가 사랑을 만들고, 진실함을 만들고, 행복을 가져다주기 때문입니다. 그런 사람의 인생은 밝게 빛납니다.

서로 더불어 살아가는 사회에는 수많은 불확실성이 존재합니다. 우리가 다른 사람을 믿어 주고 함께하면 그들도 우리를 믿어 줄 겁니다. 신뢰가 가득한 세상이 되면 사람과 사람의 관계는 견고하고 아름답게 변할 겁니다.

돈으로
해결할 수 없는 것이 있다

동기 부여

동기 부여는 단순히 돈을
주면 되는 간단한 문제가 아니다

최근 저는 직장을 그만두고 창업을 했습니다. 실리콘밸리에서 일한 경험 덕분에 이 영역에 관한 지식과 기술을 지니고 있어서인지 창업 후 얼마 안 돼 두 번의 벤처 투자를 따냈습니다. 합치면 1억 달러가 넘어가는 규모였지요.

창업 융자는 순조롭게 잘 해결되었고 기술 개발 역시 큰 어려움이 없었습니다. 그런데 직원 고용이 만만치 않았어요. 현재 우리 회사에는 제가 이직할 때 데리고 나온 몇몇 핵심 인원을 빼면 계속 새로운 피로 수혈 중입니다. 얼마 전에는 정말 괜찮은, 능력 있는 청년들을 발견했어요. 임금도 낮지 않게 제안했어요. 주식도 배당해 주고 선물옵션도 주겠다고 했지만 결국 '거절' 당했습니다.

저는 줄곧 기술만 공부했던 사람이라 관리는 기껏해야 팀 관리만 했을 뿐, 전체적인 회사의 구조를 짜는 데는 경험이 없습니다. 하지만 제가 생각하는 원리는 간단해요. 경제학에서는 돈이 모든 걸 해결하는 만능열쇠라고 하잖아요? 그러니 사람을 고용할 때도 더 높은 임금을 제안하면 되는 게 아닐까 했는데, 왜 거절하는지 이해가 되지 않습니다.

역사 이야기가 알려 준 동기 부여 방식의 중요성

사람들은 '동기 부여' 방식에 반응을 보입니다. 각 동기 부여는 서로 다른 결과를 가져옵니다. 때로는 매우 사소한 것들이 전체의 결과를 바꿔 놓기도 합니다. 제도경제학은 "좋은 제도는 나쁜 사람을 좋은 사람으로 변화시키지만, 나쁜 제도는 좋은 사람을 나쁜 사람으로 변화시킨다."라고 주장합니다.

다음에 나오는 유명한 역사 이야기가 이러한 점을 생동감 있게 대변합니다.

18세기 말, 영국은 2가지 대변혁의 시기에 놓여 있었다. 산업혁명으로 인해 대량의 농촌 인구가 도시로 이동하면서 도시는 사람으로 넘쳐났고 실업률은 천정부지로 치솟았다. 사람들은 런던과 맨체스터, 버밍엄 등에 몰려들었지만 생계를 유지하기 힘들었다. 생활을 이어 나가기 위해 사람들은 도둑질을 했다.

영국 정부는 일벌백계의 효과를 내기 위해 당시 엄격한 법령을 발표했다. 가치 1실링(지금으로 따지면 6만 원 정도의 구매력)의 물건을 훔치는 자는 구금이나 유배를 당했고, 강도, 매춘, 살인, 방화를 저지른 사람은 바로 처형당했다.

두 번째는 수감자들을 강제노역시키기 위해 대량의 토지가 필요했다. 그러나 좁은 영국 본토에는 이러한 사람들을 수용할 만한 공간이 없었다. 이전에 수감자 추방의 최종 목적지로 사용되던 미국이 독립을 선언하여, 많은 수감자가 갈 곳을 잃게 되었다.

1770년, 캡틴 쿡이 호주를 발견하고는 영국 왕에게 새로운 대륙 발견에 대한 보고를 올렸다. 이곳이 현재 호주에서 가장 발달한 뉴사우스웨일스주였다. 대영제국의 명의로 그들은 호주 동부 연안 지역에 대한 주권을 선포했다.

해당 지역은 위치가 다소 고립되어 있어서 수감자들을 풀어놓기에 딱 알맞았다. 조지 3세는 호주를 범죄자 추방지로 삼았다.

1788년 1월 26일, 11대의 항공모함으로 구성된 함대가 548명의 남성 범죄자와 189명의 여성 범죄자를 호주로 이송했고, 1840년까지 호주에는 총 16만 명의 범죄자가 이송되었다.

초반에 영국 정부는 이송되는 수감자 인원수에 따라 선장에게 비용을 지불했다. 그러나 돈을 받은 선장은 영국 해안을 떠나는 순간 수감자의 생존 상황과 수에는 관심을 두지 않았다.

지나치게 많은 수감자 수와 머나먼 이송 거리 때문에 이송하는 동안 대량의 물과 식량이 필요했다. 더군다나 낙후한 의료 조건 때문에 약품이 부족해 이송 과정 중에 많은 이가 사망했다. 심지어 일부 선장은 비용을 아끼려고 충분한 물과 식량을 제공하지 않았고 수감자들은 즉각적인 치료를 받지 못해 목숨을 잃곤 했다. 그래서 호주에 도착하기도 전에 수감자들의 사망률이 급격히 늘어났다.

한번은 이송 과정에서 3분의 1이 넘는 수감자가 사망하는 일이 벌어졌다. 결국 나머지 수감자들은 목적지에 도착했을 무렵 극도로 피로하고 배고픈 상태였으며 질병으로 인한 고통에 시달렸다. 한 1등 항해사는 이러한 범죄자들을 보면서 잔혹하게 말했다.

"이 괴수들을 어서 지옥으로 보냅시다. 어쨌든 그들을 이송하는 비용은 전부 받았으니 상관없소."

영국 국민들 역시 이러한 범죄자들에게 큰 관심이 없었다. 하지만 문제는 범죄자들이 사형을 선고받는 게 아니라는 점이었다. 신문 잡지와 같은 매체에서는 이송 조건을 개선해야 한다는 목소리를 내기 시작했고, 종교단체에서도 선장들이 인도주의 정신을

세상에서 가장 친절한 경제학

따라야 한다고 주장했다. 입법위원회는 법을 통과시켜 이송 과정 중 식량과 물 배급을 개선하고 충분한 빛과 공기, 필요한 의료 지원을 제공할 것을 규정했다.

그래도 사망률은 여전히 개선되지 않았다. 한 경제학자가 새로운 제안을 하기 전까지는 그 어떤 방법도 효과가 없었다. 그 경제학자가 내놓은 제안은 무엇이었을까?

이 경제학자는 배가 출발할 때 모든 수감자의 비용을 정산하지 말고, 호주에 도착했을 때 배에서 내리는 수감자 수에 따라 운임비를 지불할 것을 제안했다.

1793년, 새로운 법령이 발표되고 수감자의 생존율은 단번에 99%로 올라갔다. 똑똑한 평론가는 이 사건에 대해 이렇게 평가했다.

"경제학이 자비와 사랑을 이겼다!"

이 사건을 통해 동기 부여 방식에 따라 사람들이 보이는 반응이 다르다는 점을 알 수 있습니다. 수감자들이 승선한 뒤 선장에게 비용을 지불하면 수감자들을 향한 선장의 학대 행위를 독려하는 셈입니다. 심지어 일부 선장은 수감자들에게 필요한 용품을 제공하지 않고 식품을 빼놓았다가 호주에 도착한 뒤 이것을 팔아넘겨 막대한 이윤을 챙기기도 했습니다.

그런데 수감자들이 목적지에 살아서 도착해야만 비용을 지불하는 방식으로 법을 바꾸자 선장들의 태도에 변화가 일어났습니다. 이전에는 수감자의 사망에서 이익을 보았으나 이제는 '죽음에 깊은 참회를 보이는' 사람으로 변했습니다.

그들의 죽음을 슬퍼하진 않아도 최소한 죽음으로 인해 돈을 못 벌었다는 깊은 참회의 눈물을 보이게 된 것이죠. 만일 수감자가 살아있다면 그것이 곧 돈이 되니까요.

동기 부여 방식은 언뜻 보기에는 간단해 보입니다. '선불'에서 '후불'로 바꾸었을 뿐이니까요. 하지만 복잡한 시장에서 동기 부여 방식이 효과를 내는 것은 그리 간단하지 않습니다.

동기 부여가 사회의 선순환을 이루어 낸다

동기 부여는 조직, 기업 내부, 비즈니스 사회 등 우리 주변 어디에나 존재합니다. 마트에 가면 가판대를 가득 채운 상품을 볼 수 있습니다. 사람들은 이것이 당연한 일이라고 생각합니다. 우리는 매일 다른 사람이 제공하는 식품과 옷, 주거 등에 의지해 살아갑니다. 왜 그렇게 많은 사람이 우리의 이익을 위해 봉사하는 것일까요? 애덤 스미스Adam Smith는 이에 관해 『국부론』에서 이렇게 설명합니다.

"우리가 만찬을 기대하는 이유는 도살자나 양조업자, 빵쟁이의 사랑이나 인정 때문이 아니다. 그들이 추구하는 이익 때문이다."

이것은 경제학에서 발견한 비정상적인 현상 중 하나에 해당합니다. 적절한 조건이 주어졌을 때, 동기 부여가 개인의 이익과 사회의 이익을 하나로 묶어 주는 것이지요. 마트 창고에 있는 상품은 전 세계 각국에서 공급된 것입니다. 동기 부여 기제를 통해서요. 여기에서 나오는 비즈니스 이윤은 수천만 명의 사적인 이익과 사회의 전체적인 이익을 하나로 모으고 조율하는 역할을 합니다.

아침마다 시장에 나오는 신선한 채소가 어떤 유통 과정을 거쳐 나오는지만 봐도 알 수 있습니다. 채소 농장에서는 새벽 5시에 일어나 도매시장에 물건을 배달합니다. 화물차 기사는 6시에 각종 채소를 받아 마트로 배달하지요. 마트 직원은 7시에 모든 제품을 전시하고 일찍 일어난 소비자들을 맞이합니다. 일찍 일어나는 사람은 더 풍성한 이윤을 얻을 수 있다는 게 바로 '일찍 기상하는 동기 부여'가 되는 것입니다. 이 기제를 바탕으로 사람들은 자신의 이익을 얻기 위해 노력하고 자연스럽게 서로의 이익을 채웁니다.

직접적인 물질적 동기 말고도 다양한 동기에 대해 예측 가능한 방식으로 행동한다고 경제학자들은 주장합니다. 명망이나 권력, 명예나 욕망, 사랑 등이 모두 중요한 동기가 될 수 있습니다. 심지어 선행 역시 일종의 동기에 대한 반응이 될 수 있지요. 경제학자는 자선 기구가 기부금을 낸 사람들의 명예를 북돋아 주고 홍보하는 것이 전혀 이상한 일이 아니라고 말합니다. 물론 이름을 밝히지 않고 익명으로 기부하는 사람들도 있긴 하지요. 하지만 대학교 캠퍼스만 봐도 '무명씨의 건물'이라고 세워진 건물은 눈을 씻고도 찾아보기 힘듭니다.

제도경제학에서는 '경로의존성Path dependence'에 대해 이야기합니다. 과거의 어떤 선택이 관성 때문에 쉽게 변화되지 않는 현상을 말합니다. 일단 '경로의존성'에 빠지면 그 고유의 '늪'에서 빠져나오기 어렵습니다. 물론 좋은 경로를 선택하면 '경로의존성'은 앞으로 나아가게 하는 기폭제가 되기도 하지요.

기업의 문화 역시 마찬가지입니다. 긍정적이고 진취적인 기업 문화를 조성하면 다양한 신입사원을 새롭게 발굴하고 채용할 수 있습니다. 또 그들은 자유롭게 그 문화 속에 적응할 수 있지요. 기존의 경로를 따라 자기계발과 성장을 이루는 선순환을 유지할 수 있습니다. 구태의연한 기업 문화에 타격을 입거나 성장을 멈추는 일이 없습니다. 회사를 창업한 경우 혁신적인 업무 모델과 견고한 기술을 정착시키는 게 중요합니다. 창업 기업이 오래 살아남으려면 제도를 잘 정비해야 합니다. 특히 '동기 부여' 제도의 역할을 간과해서는 안되지요. 초반에는 기업 문화를 만들고 직원들의 성장을 독려하는 동기 부여 기제를 마련하세요. 건강한 경쟁 체제를 구축하고 발전을 거듭하는 혁신 체제를 만들어야 합니다. 내부적으로 이러한 기제가 잘 운영되어야 선순환이 이루어지고 발전의 '하이패스'를 관통할 수 있습니다.

인재는 돈으로만 살 수 없다

이제 사연으로 돌아가 볼게요. 인재를 발굴하기 위해 '동기 부여' 기제를 사용하고 싶다면 높은 임금에 기대는 것만으로는 한계가 있습니다.

매슬로의 '욕구단계설'에 따르면 인간의 욕구는 기본적인 생리적 욕구에서부터 안전 욕구, 귀속 욕구, 존중 욕구, 자아실현 욕구 순으로 올라갑니다. 앞의 네 단계는 기본적인 결함 욕구이고, 가장 상위에 있는 욕구는 성장 욕구로 분류합니다. 강력한 혁신 능력을 지닌 인재는 자기 인지 수준이 높은 편입니다. 그들의 욕구는 단지 생리, 안전, 귀속의 욕구에만 국한되지 않습니다. 존중과 자아실현의 욕구가 훨씬 더 큽니다. 제가 아는 실리콘밸리의 친구들은 엄청난 물질적 보상이 있을지라도 내면의 성취감에 따라 동기를 부여받았습니다. 그리고 본인이 혼자 만들어 낸 결과물에 엄청난 자부심을 느꼈습니다. 실리콘밸리에서 일하는 사람들은 지적 능력의 성장을 중시하며 용감하게 도전하고 혁신적인 아이디어로 문제를 해결합니다. 그러고 보면 인재 채용에 어려움을 겪는 이유를 알 수 있습니다. 실리콘밸리의 전문 인력을 대상으로 인터뷰해 본 결과, 절반 이상은 업무 외 다른 시간에도 기술과 관련한 프로젝트를 연구하는데 이는 '즐거움을 얻기 위한' 목적이라고 합니다.

세계에서 가장 큰 경영 컨설팅 기업 액센츄어Accenture에서도 비슷한 설문 조사 결과를 발표했습니다. 대부분의 실리콘밸리 IT 전문 인력들은 돈을 버는 것이 그들에게 매우 중요한 문제라는 걸 인정합니다. 하지만 대부분의 사람은 돈을 적게 벌지라도 업무 자체에서 동기를 부여받고 그것이 전문 영역에서의 성장에 도움이 된다면 기업을 위해 가치를 창출할 의사가 있는 것으로 나타났습니다.

요즘의 'MZ세대'와 대화를 나누어 보면 대기업이나 경제적 여유를 중시하기보다는 기업의 문화를 더욱 중시하며 '일과 삶의 밸런스work-life balance'를 특별히 생각한다는 걸 알 수 있습니다. 다시 말해 직업적 가치 추구에 변화가 생겼다는 뜻이죠. 그들은 비교적 자유롭고 풍족한 시대에 성장한 디지털 원주민 세대입니다. 슈퍼 리치가 많진 않아도 기본적인 의식주를 해결하는 데는 아무런 걱정이 없습니다. 집을 보유한 친구도 많지만 설사 집이 없다고 해도 특별히 마련해야겠다는 생각은 하지 않습니다. 그래서 이 세대에게는 돈도 중요하지만 그것이 삶의 질을 평가하는 유일한 기준은 아닙니다.

따라서 풍성한 금전적 보상 말고도 그들에게는 도전적 업무를 제공하고 자유롭고 혁신적인 기업 문화와 분위기를 제공하는 것이 매

세상에서 가장 친절한 경제학

우 중요합니다. 사명감이 이끄는 기업이야말로 진정으로 '영혼 있는 기업'입니다. 혁신성과 응집력을 가진 기업이 더 멀리, 더 높이 나아 갈 수 있습니다.

어쩌면 당신의 회사에 이미 이러한 기업 문화가 형성되어 있을지도 모릅니다. 그러면 그 점을 인재를 채용할 때 충분히 보여 주세요.

지금의 'MZ세대'는 단순히 사람들에게 존경받는 기업에서 많은 보수를 받으며 일하는 것만으로는 만족하지 못합니다. 그들은 자신의 혁신 아이디어를 마음껏 발휘하는 환경에서 생활하고 일하고 성장하길 원합니다. 자유롭고 평등하며 자아실현이 가능하고 혁신이 충만한 업무 환경이 그들에게는 훨씬 더 매력적일 수 있습니다.

돈을 버는
기본 원리

Common sense economy

CHAPTER 8

투자를
배우고 싶어요

투자 입문 이론

고정관념을 깨부수어라
그래야 투자를 배울 수 있다

요즘 투자에 관해 열심히 공부하고 있는 사람입니다. 그런데 경제학
서적을 펼치면 일단 머리가 아파요. 이론이 너무 복잡하고 결론이
제가 생각했던 거랑 완전히 다르기 때문입니다. 아무리 봐도 모르겠
어요.

그래서 유료 온라인 강의를 몇 번 들어봤는데 전부 기본적인 재테크
지식과 관련된 것들이었습니다. 물론 배우고 나면 기본적인 투자 지
식을 어느 정도는 이해할 수 있었어요. 가령 개인 자산 배분법이라든
가 정기 정액 투자, 자산의 균형적 분배와 같은 개념을 알게 되었죠.

강사가 가르쳐 준 방법대로 투자해서 조금 재미를 보기도 했습니다. 하지만 일단 강의를 안 들으면 어떻게 투자해야 할지 도저히 감이 안 오더라고요. 아무리 생각해 봐도 제가 방법론만 배우고 더 심오한 투자 지식을 배우지 않아서 그런 것 같아요. 저처럼 투자 문외한이 쉽게 투자 지식을 알 방법이 없을까요?

투자 공부가 필요한 이유

투자에 막 발을 들인 사람들은 간단한 조언이나 방법을 빠르게 받아들입니다. 적용이 간단해서 투자와 관련한 긍정적인 체험에 도움이 되기 때문이죠. 하지만 경험이 늘어나면 더는 다른 사람의 조언이나 생각대로 투자할 수 없습니다. 특히 시장은 계속 변하기 때문에 투자의 구성이나 비중도 조정해야 하거든요. 만약 그동안 강사의 조언대로만 투자했다면 기본적인 경제학이나 투자학에 대한 개념이 없었을지라도 그저 '자연의 법칙에 순응'했기 때문에 좋은 결과를 얻었을 겁니다. 하지만 경제 동향에 따라 즉시 대응하기는 어려울 거예요.

특히나 자산은 그 양이나 구조에 따라 리스크도 다르기 때문에 로직이나 방법이 달라져야만 합니다. 은퇴 노인이 퇴직금으로 P2P 금융 상품*에 투자했다면 은행의 정기적금이나 일반 재테크 상품보다

세상에서 가장 친절한 경제학

수익이 높은 건 맞지만 감당 가능한 리스크 수준을 넘어섭니다.

반대로 큰 사업체를 운영해 많은 돈을 벌고, 부동산이나 자동차 같은 자산을 구매한 뒤에도 돈이 남는 사람이 누군가의 조언으로 은행에서 머니마켓펀드(MMF)[**] 상품을 구매하는 것도 올바른 투자는 아닙니다. 은퇴 노인보다 리스크 감당 능력은 훨씬 큰데 그저 원금 유지를 위해 수익이 너무 낮은 항목에 투자하는 것은 현명하지 않습니다.

따라서 자산이 증가함에 따라 투자 방법과 조합 역시 적절히 조정해야 합니다. 다시 말해 예전에 배웠던 투자법이나 재테크 방법이 그 당시엔 적합했을지 몰라도 지금 혹은 이후에는 적합하지 않을 수 있다는 뜻이죠.

그럼, 어떻게 해야 할까요? 당신의 상황을 속속들이 이해하는, 100% 신뢰할 만한 재테크 고문을 찾아가 그때그때 조언을 구해야 할까요? 아니면 다른 사람이 알려 주는 투자 방법에만 만족하지 않고 자본의 운용 논리나 투자의 개념을 조금씩 이해하고 시장이 돌아가는 규칙을 눈치껏 공부해 나가면 될까요? 당연히 정답은 후자입니다.

---

* **P2P 금융 상품**: P2P금융은 'Peer To Peer Finance'의 준말로, 대출자와 투자자를 직접 연결하는 형태의 금융 상품. 즉, 돈을 투자해 수익을 얻고 싶은 투자자와 돈이 필요한 대출자를 P2P 플랫폼 업체가 연결해 두 주체 사이에 돈이 오가게 하는 서비스.

** **머니마켓펀드(MMF)**: 단기 금융 상품에 집중 투자해 단기 실세 금리의 등락이 펀드 수익률에 신속히 반영될 수 있도록 한 초단기 공사채형 상품.

그래야만 시장에 어떤 변화가 발생했을 때 왜 그런 일이 일어났는지, 앞으로 어떤 영향이 있을지, 나는 어떻게 대처해야 할지 알 수 있기 때문입니다.

이것이 바로 '방법론'과 '실천론'입니다.

'방법론'이 틀렸다는 게 아닙니다. 제가 말하고 싶은 건 투자 경험을 쌓으면서 자신의 '실천론'에 관해 더 많이 이해해야만 요령을 터득하고 변화에 잘 적응해 스스로 결정할 수 있다는 겁니다.

더군다나 경제학은 우리 생활과 밀접한 연관이 있어서 일상의 모든 문제에 대한 해답을 제시합니다. 이 말은 투자경제학을 잘 공부해 놓으면 자산 가치를 증진할 뿐만 아니라 앞으로 투자 인생까지 잘 운영할 수 있다는 뜻이죠.

지금부터는 투자와 관련한 기본적인 로직을 알려 드릴게요. 특히 상식과는 잘 맞지 않는, 심지어 '반상식'적이고 '반인간'적인 논리를 알려 드릴 겁니다. 이를 이해한 다음에 재테크와 관련한 강의도 듣고 구체적인 재테크 수단으로 활용하면 그 효과가 배가될 겁니다. 그때가 되면 '아, 그게 이런 말이었구나.' 하고 깨달을 거예요.

조금 더 정확하고 확실한 투자 방법을 알면 '속성으로 알아보는 투자', '빨리 돈 버는 법'과 같은 말에 휘둘리지 않고 장기적으로 자산을 늘려갈 수 있을 겁니다.

왜 상식을 깨야 할까?

혹시 〈더 울프 오브 월스트리트〉라는 영화를 본 적 있나요? 화려한 언변, 수려한 외모, 명석한 두뇌를 지닌 주인공이 주가 조작으로 월스트리트 최고의 억만장자가 된 이야기를 그려 낸 영화입니다.

물론 이런 사기행각을 독려하는 건 전혀 아닙니다. 그런데 영화에 두 차례에 걸쳐 등장했던 '만년필 에피소드'는 시장에서 성공하려면 상식을 깨야 한다는 점을 완벽하게 설명해 줍니다. 영화가 끝나갈 무렵, 이런 장면이 등장합니다.

조던 벨포트가 연설을 위해 무대에 올랐다. 그는 외투 안주머니에서 만년필 하나를 꺼내 청중 앞으로 다가가 허리를 굽히며 말했다. "저에게 이 만년필을 팔아 보세요."

청중은 각기 다른 방법으로 설명했다.

"이건… 이건 정말 좋은 만년필이에요. 전문직 종사자들에게 이 만년필은…."

"이건 정말 좋은 만년필입니다. 당신의 일상을 세세히 적을 수 있고요. 그러면…."

"정말… 정말 편리해요. 저도 개인적으로 이 만년필을 정말 좋아하는데요…."

다음 장면은 첫 번째 등장했던 '만년필' 에피소드와 완전한 대비를 이룹니다.

> 시끄러운 매장 안에서 조던 벨포트가 외투 안주머니에서 만년필을 꺼내 점원에게 건네며 그걸 자기에게 팔아 보라고 말한다. 점원은 심드렁한 표정으로 말한다. "자, 이 종이에 서명하시면 됩니다."
> 조던 벨포트가 펜이 없다고 말하자 점원은 만년필을 다시 건네며 얘기한다. "그럼, 이 펜을 당신에게 팔게요."

이 두 에피소드가 우리에게 주는 시사점은 굉장히 많습니다. 첫 번째 에피소드에 등장한 청중 세 명은 '대중의 상식'을 비유합니다. 보통 만년필을 판매한다고 하면 사람들은 '좋은 만년필'을 판매 포인트로 삼고 소비자들이 '좋은 물건'을 살 수 있게 유도합니다. 좋은 품질, 일상을 기록할 수 있는 도구, 개인의 취향 등과 같은 점을 강조하지요. 눈치챘을지도 모르겠습니다만 그들은 자신의 관점과 상식을 바탕으로 제품을 이해하고 그 가치를 설명합니다. 그런데 질이 좋고 일상을 기록할 수 있다는 특징은 일종의 '사용 후기'입니다. 이건 판매자가 아닌 소비자가 느끼는 것들입니다.

그렇다고 이게 틀렸다는 건 아닙니다. 문제는 사고 싶은 마음이 생기지 않는다는 거죠. 하지만 두 번째 에피소드에 등장한 점원은 완전히 달랐습니다. 만년필에 대한 그의 이해는 앞의 세 사람과 차이를 보였습니다. 그가 인지한 것은 무엇인가요? 간단합니다. '만년필은 구매해서 사용하는 물건'입니다.

경제학의 관점에서 풀어보자면 이건 수요와 공급의 원칙에 관한 것입니다. 세 명의 청중은 좋은 만년필을 '공급'한다는 개념에서 출발했습니다. 하지만 좋은 만년필이 꼭 필요한 사람이 없을 수도 있어요. 하지만 점원은 '수요'의 관점에서 출발해 고객에게 만년필이 꼭 필요한 상황을 만들어 냈습니다. 그러면 판매는 자연스럽게 일어나죠.

세일즈는 소비자의 인지 상식을 깨뜨려야 합니다. 투자도 마찬가지로 대중의 상식을 깨뜨려야 합니다.

남들이 두려워할 때 욕심을 내라

투자도 세일즈도 모두 시장에서 거래를 통해 수익을 얻는 행위입니다. '익益'은 어디서 올까요? 상대에게서 옵니다. 주식을 사려면 반드시 파는 사람이 있어야 하고, 제품을 팔려면 반드시 사는 사람이 있어야 합니다.

상대에게서 수익을 얻어 내려면 일단 상대의 생각을 알아야 합니다. 그래야 그의 논리를 거슬러 생각하고 결정할 수 있거든요. 특히 대중 시장에서 수익을 얻고 싶다면 대중의 공통적인 생각을 이해한 다음 그것을 거슬러 거래의 기회를 찾아야 해요. 대중의 공통적인 생각이 바로 상식입니다.

상식을 거슬러야 하는 이유가 뭘까요? 만일 당신의 생각이 대중과 똑같다면 사람들이 사는 걸 같이 사고, 파는 걸 같이 팔아 버립니다. 그럼 무슨 일이 일어날까요?

'승다죽소僧多粥少'라는 성어가 있습니다. 중은 많은 데 먹을 죽이 부족하다는 뜻입니다. 어떤 투자 기회를 모든 사람이 발견하고 거기에 다 같이 참여한다면 당신이 얻어 갈 수 있는 건 많지 않습니다.

투자의 귀재 워런 버핏은 이런 말을 했습니다.

"남들이 욕심을 낼 때 두려워하고, 남들이 두려워할 때 욕심을 내라."

시장이 폭락하면 사람들은 공황에 빠집니다. 너도나도 발을 빼죠. 그런데 워런 버핏은 이때야말로 투자의 적기라고 말합니다. 시장이 호황을 누릴 때는 사람들이 너도나도 투자에 참여합니다. 그런데 이럴 때 투자에서 손을 떼라고 그는 조언합니다.

"채소 가게 사장님도 주식 투자를 하기 시작했다면 손을 떼야 한다."라는 말도 있습니다. 채소 가게 사장님은 주식을 해서는 안 된다는 말이 아닙니다. 주식을 할 줄 모른다는 말도 아니에요. 사람들이 너도나도 주식을 살 때는 이미 시장 구매자의 역량이 최고조에 달했다는 의미입니다. 이때는 구매자의 강력한 힘을 바탕으로 주가 역시 최고치를 기록하죠. 더 많은 구매자가 들어올 '자리'가 없으므로 주가 역시 더는 올라가지 못합니다. 앞으로 일어날 유일한 가능성은 뭘까요? 바로 '하락'입니다.

그렇다면 이 상황에서 할 수 있는 이성적인 선택은 무엇일까요? 주가가 상승한다고 계속 사들이면서 마냥 즐거워해서는 안 됩니다. 두려움을 느끼고 빨리 발을 빼야 해요.

경제와 주식 시장, 부동산 시장, 환율 시장 등 사람이 참여하는 사회 영역에는 군중심리가 존재합니다. 그리고 그 필연적인 결과는 '절망 중에 다시 살아나고, 망설이는 중에 상승하며, 열광하는 중에 폭락'한다는 것이죠. 그리고 이 사이클은 언제나 반복됩니다.

그러니 투자의 귀재가 되려면 상식을 깨고 대중의 반대편에 서야 합니다. 그래야만 시장에서 주도권을 쥐고 더 많은 수익을 올릴 수 있습니다.

수익과 리스크, 양날의 검

'뿌린 대로 거둔다'라는 말이 있습니다. 맞는 말입니다. 그런데 이건 노동의 영역에만 적용할 수 있습니다. 노동의 종류에 상관없이 그 대가를 수익으로 바꿀 수 있다면 정말 뿌린 그대로 거두는 게 맞습니다. '씨앗 하나'당 '열매 하나'만 정직하게 거둘 수 있습니다.

투자 영역에서 수익은 어디에서 올까요? 경제학에서는 '리스크 부담'에서 수익이 비롯한다고 봅니다. 어떤 건 수익이 높고 어떤 건 낮은 이유는 그만큼 리스크 부담이 다르기 때문입니다. 다시 말해 수익이 높다는 건 리스크 부담이 크다는 뜻입니다.

먼저 여기서 말하는 '리스크'란 체계적 리스크를 지칭합니다.

체계적 리스크는 시장 리스크를 말합니다. 전체적인 정치, 경제, 사회 등 주가에 미치는 환경적 요인을 가리킵니다. 체계적 리스크에는 정책 변화, 경제의 주기적 파동, 금리 변동, 구매력, 환율 변동 등이 있습니다.

구체적으로 보면 체계적 리스크는 경제에 영향을 주는 전방위적 요인을 말합니다. 세계 경제나 어떤 국가 경제에 발생한 위기, 지속적인 물가 상승으로 인한 인플레이션, 심각한 자연재해 등이 포함되겠죠. 전체적인 위험이 초래하는 결과는 보편성을 지니고 있습니다. 주요 특징으로는 모든 주식이 하락하고 다른 주식으로 그 가치를 증대할 수 없습니다. 이런 상황에서 투자자는 중대한 손실을 입고 그중 수많은 투자자가 손에 쥔 주식을 어떻게든 팔아 치웁니다.

간단하게 말하자면 체계적 리스크는 기업 혹은 투자 종목 자체와는 아무런 관련이 없습니다. 기업이나 투자 종목이 그 리스크에 영향을 주거나 변화시키거나 요소를 없애지도 못합니다. 예를 들어 무역업은 환율 변동의 리스크를, 해운업은 해상 도난사건의 리스크를, 미국과 거래하는 기업은 미국 대선의 리스크를 항상 감내해야 합니다.

그에 반해 비체계적 리스크는 개별 회사의 고유 사건으로, 전반적인 시장과는 아무런 관련이 없습니다. 순전히 개별 요인이 주식 가격에 변동을 초래하고 이러한 변화 때문에 수익률이 불안정해집니다. 상장 기업의 노동자 파업, 신제품 개발 실패, 주요 계약서 유실, 소송 실패 등이 이에 해당하죠. 이러한 사건은 예측이 불가능하고 예고 없이 일어나기 때문에 하나 혹은 소수 기업에 영향을 줄 뿐 전체적인 시장에 큰 영향을 주진 않습니다.

비체계적 리스크가 수익률과 관계없는 이유는 이러한 위험 요소는 개체가 부담하는 것으로 필요 시 충분히 그 요소를 없앨 수 있기 때문입니다. 만약 이런 위험이 높은 수익을 보장한다면 기업 고위직이 자산을 횡령하거나 노동자들이 열심히 일하지 않는 기업이 오히려 더 큰 수익을 볼 수 있겠지요. 하지만 그런 일은 일어나서는 안 됩니다. 그래서 자체적인 간섭으로 리스크를 제거합니다. 따라서 높은 수익과는 관련이 없습니다.

사실 시장 경제 조건에서 이러한 리스크는 오히려 자본시장의 '징벌'을 받습니다. 그래서 기업은 이러한 리스크 요소를 제거해 비체계적 리스크를 최대한 낮게 유지하려 합니다. 또한 자본시장은 투자를 분산해 비체계적 리스크를 최소화하여 투자자들이 체계적인 리스크에만 주목하게 합니다.

높은 수익이 높은 리스크에 대한 보상이라고 한다면 체계적 리스크와 수익은 어떤 관계가 있을까요?

1960년대에 미국 경제학자 잭 트레이너와 윌리엄 샤프, 존 린트너 및 노르웨이 경제학자 잰 모신 등이 개발한 '자본자산 가격결정 모형(CAPM)'은 주로 증권시장에서 자산의 기대수익률과 위험자산 사이의 관계를 증명해 내며 균형가격이 형성되는 원리를 설명합니다. CAPM은 현대 금융시장 가격이론의 기둥과 같은 역할을 하며 전 세계적으로 개인 및 기업의 투자 포트폴리오에 널리 적용되고 있습니다. 그럼 CAPM은 어떤 방식으로 제품의 수익을 계산할까요?

$$CAPM: E(r_i) = r_f + \beta_{im}[E(r_m) - r_f]$$

$E(r_i)$: 기대수익률

r_f: 무위험 자산 수익률

β_{im}: 베타 계수(자산 i의 체계적 리스크)

$E(r_m) - r_f$: 시장 리스크 프리미엄(시장 수익률 - 무위험 수익률)

세상에서 가장 친절한 경제학

결국 자산의 수익률은 무위험 자산의 수익률에 리스크 프리미엄을 더한 것이란 의미입니다. 무위험 수익률은 보통 미국의 10년물 국채 수익률을 기준으로 계산해 낸 것으로, 전체 시장에서 어떠한 리스크도 부담하지 않은 상황에서 얻을 수 있는 투자 수익과 동일합니다. 리스크 프리미엄은 투자의 베타 계수를 근거로 하는데 리스크 등급을 측량하는 하나의 계수로 사용합니다. 이를 통해 상응하는 리스크가 가져올 초과 수익을 산출합니다. 이 둘을 더한 값이 바로 투자 수익률이 됩니다.

CAPM의 결론은 아주 간단합니다. 투자자가 높은 수익을 얻는 이유는 단 하나, 높은 리스크를 부담하기 때문입니다.

위험이 적으면 왜 수익률이 낮을까?

'하이 리스크 하이 리턴High Risk High Return'이라는 말을 들어봤을 겁니다. 투자 위험이 높은 금융 자산을 보유하면 시장에서 높은 운용 수익을 기대할 수 있는 관계를 이르는 말입니다. 이는 시장이 움직이는 법칙입니다. 알다시피 시장은 수요와 공급의 규칙에 따라 결정됩니다. 공급이 적고 수요가 많으면 가격은 올라갑니다. 가격이 올라가면 이윤 역시 올라가므로 공급과 생산량이 늘어납니다. 이로써 수요와 공급이 조금씩 균형을 이루고 가격도 합리적인 구간에 자리를 잡습니다. 공급이 과잉되면 가격이 내려가고 가격이 내려가면 수요는 증가합니다. 그럼 다시 수요와 공급의 균형을 이루고 합리적 가격 구간으로 되돌아옵니다.

시장에 '로우 리스크, 하이 리턴^{Low Risk High Return}'의 상품이 있다고 가정해 봅시다. 만 원을 투자하면 원금 유지는 물론 매년 5천 원의 수익을 낼 수 있다고 합니다. 그럼 이런 상품이 출시되면 어떤 현상이 일어날까요?

사람들이 너도나도 뛰어듭니다. 그다음엔 어떻게 될까요? 가격이 오릅니다. 판매자는 생각하겠죠. "수량은 100개밖에 없는데 만 명이나 몰리잖아! 그럼 가격을 올려서 이익을 더 많이 챙겨야겠어."

가격 상승은 구매자에게 무슨 의미일까요? 예를 들어 이 상품이 원래는 만 원만 투자해서 매년 5천 원의 수익을 올리는 상품이었는데 지금은 2만 원까지 올랐습니다. 그런데 수익률은 여전히 5천 원으로 같아요. 그럼 수익률이 낮아졌다는 의미입니다. 그래도 괜찮은 비율입니다. 여전히 상품을 사고자 하는 사람은 많아요. 그러면 판매자는 계속 가격을 올립니다.

어디까지 올릴까요? 사람들이 더는 이 상품이 '로우 리스크, 하이 리턴'이라고 생각하지 않는 선까지, 다시 말해 리스크와 수익이 비슷한 상품이라고 생각하는 정도까지 올립니다. 이때 가격은 안정세로 돌아서고 수요도 합리적인 수준으로 돌아옵니다.

이제 수익이 높으면 리스크 부담도 높다는 개념을 확실히 이해했나요? 리스크가 낮은 상품은 설령 시장 파동으로 인해 단기적으로는 높은 수익을 낼 수 있어도 결국에는 시장 경쟁을 통해 합리적인 수익 수준을 회복합니다.

그러면 리스크가 높으면 반드시 수익도 높을까요? 리스크가 높다는 건 손실이 많이 날 수 있다는 의미입니다. 다른 말로 하면 높은 수익을 반드시 보장받는 건 아니며 심지어 수익을 내지 못한다는 뜻이기도 합니다. '하이 리스크'라는 건 그런 뜻입니다.

"하이 리크스 종목에 투자했지만 아직까지 아무런 리스크가 없었어요. 수익도 많이 올렸고요."

이런 상품이 있을까요? 네, 있습니다. 그것도 아주 많아요. 그러나 리스크를 만나지 못했다는 건 리스크가 아예 없다는 의미도, 리스크가 낮다는 의미도 아닙니다. 경제학적으로 리스크의 높고 낮음은 계량이 가능합니다. 이것은 '확률'과 '영향', 2가지로 나누어 생각해 볼 수 있습니다.

'확률'은 '리스크 발생 확률 90%'처럼 위험의 발생 가능성을 나타낸 숫자이며, '영향'은 리스크가 발생할 때 초래하는 손해의 정도를 뜻합니다. 이 2가지 요소가 한데 모여 위험 등급에 영향을 줍니다.

다시 말해 리스크의 높고 낮음은 확률과 영향에 따라 결정된다는 뜻입니다. 리스크 발생 가능성은 매우 큰데 영향이 아주 적다면 '로우 리스크'로 간주할 수 있습니다. 예를 들어, 만 원을 어떤 종목에 투자

했는데 이 종목의 실패 확률은 50%입니다. 하지만 실패한다고 해도 백 원만 손실을 볼 뿐 나머지 9,900원을 회수할 수 있다면 위험이 적다고 할 수 있겠죠.

그렇다면 리스크 발생 확률은 매우 낮은데, 그 영향이 아주 크면 어떨까요? 똑같은 예를 들어봅시다. 만 원을 어떤 종목에 투자했는데 이 종목의 실패 확률은 5%입니다. 그렇지만 일단 실패하면 만 원은 공중으로 날아가고 다시 만 원을 채워 넣어야 합니다. 상대적으로 리스크가 아주 크죠.

경제학에서는 확률과 영향을 곱해서 위험의 크기를 계산합니다. 첫 번째의 경우 리스크의 확률은 50%인데 그 영향은 1%이므로 총 위험 계수는 0.5가 됩니다. 두 번째의 경우 리스크 확률은 5%인데 그 영향은 200%이므로 총 위험 계수는 10입니다.

비록 두 번째 상황이 실제로 일어나는 경우는 매우 드물지만, 이 종목에 투자할 경우 이러한 리스크를 마주할 가능성은 매우 높습니다. 다만 장기적으로 봤을 때 마주칠 가능성이 작습니다. 하지만 이 종목의 위험 계수는 첫 번째 종목의 20배에 달합니다. 이 위험은 발생 가능성은 작아도 일단 발생하면 그 결과가 매우 심각합니다.

이는 일종의 가상화폐인 비트코인에 투자하는 위험이 달러에 투자하는 위험보다 높은 이유를 잘 설명해 줍니다. 달러는 미국 정부의 '신용 보증서'와도 같습니다. 달러에 투자했을 때 가장 큰 영향은 환율 변동이지만 그 폭은 제한적입니다. 그런데 비트코인의 가장 큰 영향은 새로운 가상화폐 혹은 정부 주도의 디지털화폐로 대체되는 것입니다. 물론 그런 일이 발생할 가능성은 크지 않지만 그 영향은 매우 커서 가치가 '0'으로 폭락할 수도 있습니다.

따라서 투자 열풍을 몰고 온 비트코인도 그 후폭풍이 거셀 수 있습니다. 비트코인에 진심인 일론 머스크도 평생 저축한 돈을 비트코인에 투자하는 건 어리석다고 조언했습니다. 그는 "암호화 화폐가 앞으로 지구상에 존재하는 주류 화폐가 될 가능성이 크다. 하지만 이것은 추측일 뿐, 주류 화폐는 그 밖에도 여러 종류가 있다. 이런 생각도 투기일 수 있다."라고 말하기도 했습니다.

'하이 리스크' 종목에 투자해 아직까지 리스크를 만나지 않고 큰 수익을 올린 건 축하할 일입니다. 하지만 그걸 당연하게 생각하지 마세요. 행운이 따라 준 것이라고도 생각하지 마세요. 당신은 그저 아직 뒤집히지 않은 배에 올라타고 있을 뿐입니다. 만약 이걸 능력으로 간주한다면, 그 '능력'에 기대어 돈을 벌었다고 생각한다면, 언젠가 그 '능력'이 회수되는 날도 옵니다.

리스크를 정확히 파악하라

'하이 리턴'이 '하이 리스크'에서 비롯된다고 위험을 못 본 체하고 넘어가서는 안 되겠지요. 이제 다음 과제를 예일 대학 기금 운용을 맡았던 최고투자책임자 데이비드 스웬슨^{David F. Swensen}의 말을 빌려 얘기해 볼게요.

"리스크를 잘 관리하면 수익은 저절로 따라온다."

리스크를 잘 관리한다는 건 리스크를 적대시한다는 말이 아닙니다. 수익은 곧 리스크에서 비롯하며, 리스크를 부담하지 않으면 높은 수익을 얻을 수 없다는 점을 기억하세요. 그러나 지나치게 높은 리스크 역시 무리한 행동이라는 것도 함께 기억하기를 바랍니다.

핵심은 어떤 리스크가 있는지 정확하게 아는 것입니다. 이걸 강조하는 이유는 단순히 "나는 모험을 즐기는 사람이라 괜찮아요."라는 식으로 생각하는 사람이 많기 때문입니다. 위험 앞에서 그걸 두려워하지 않는 태도와 심리는 조금 다른 문제입니다. 당신의 손해를 메울 수 있는 건 자산의 유동성과 같은 것들입니다.

흔히들 "부자가 더 쉽게 돈을 번다."라고 말합니다. 이건 그들이 리스크를 즐긴다는 뜻이 아니에요. 손실을 감당하는 능력이 더 강하다는 뜻이고, 자금 유동성에 대한 요구가 낮다는 의미입니다. 다시 말해 '하이 리스크'의 상황에서도 수익이 날 때까지 오래 버틸 수 있다는 뜻이죠.

그래서 가장 먼저 자신의 위험 부담 능력을 확실히 아는 게 중요합니다. 은행이나 증권회사에서 투자 계좌를 개설할 때 반드시 고객의 투자 성향 및 위험 등급을 평가합니다. 고객의 투자 성향에 맞는 상품을 잘 매칭해 주기 위함이죠.

자신의 위험 부담 능력을 정확히 이해해야만 가능한 범위 안에서 위험을 감수하고 그걸 이용해 더 큰 수익을 올릴 수 있습니다. 하지만 본인의 위험 부담 능력을 초과해 '하이 리스크' 종목에 투자하면 손실이 발생하는 순간 돌이킬 수 없는 '재난'을 맞이합니다. 제 주변에도 '하이 리턴' 종목에 눈이 멀어 모든 자산을 담보로 잡고 뛰어들었다가 결국엔 재산도 잃고 가족도 잃은 사람이 더러 있습니다.

위험 부담 능력은 어떻게 계산할 수 있을까요? 가장 먼저 본인의 자산 현황을 정확히 정리해야 합니다. 일반적으로 고정 자산이 풍족하고 안정적인 수입이 있으며 비교적 여유 자금이 있는 경우, 위험 부담 능력도 높은 편입니다.

예를 들어 볼게요. 부동산을 두 채 구매한 사람이 있습니다. 융자는 하나도 없는 상황이고 당분간 집을 매매할 생각이 없습니다. 여유 자금으로는 현금 2억 정도를 보유하고 있고 매달 고정 수입은 천만 원 정도이며 특별히 큰 지출 계획이 없습니다. 이런 사람의 위험 부담 능력은 강한 편입니다. 현금 2억을 투자하고 1억을 손해 본다고 해도, 심지어 2억 모두를 손해 본다고 해도 기본적인 생활에는 아무런 영향이 없고 삶의 수준에도 아무 타격이 없기 때문입니다.

하지만 일반적인 '월급쟁이'의 경우, 그나마 수입이 꽤 괜찮은 화이트칼라라고 할지라도 수입의 일부로 아파트 대출금을 상환해야 하는데다 자녀 두 명 모두 학생이라 들어갈 교육비가 많다면 위험 부담 능력이 낮으므로 '하이 리스크' 종목에 투자할 수 없습니다. 일단 손실이 발생하면 그의 가정생활에 큰 타격이 있고 삶의 수준이 현저히 낮아지기 때문입니다.

그래서 개인의 위험 부담 능력은 각자의 자산 현황에 따라 달라집니다. 당연히 투자 포트폴리오도 그에 맞게 조정해야겠지요.

다음으로 '하이 리턴' 종목을 너무 쉽게 믿지 말아야 합니다. 아마 '하이 리턴 투자 종목' 혹은 재테크 상품에 관한 소식을 다양한 경로로 매일 접할 겁니다.

얼마 전에 SNS에서 재테크 강의와 관련한 광고 글을 보았습니다. 그 교육을 들으면 무조건 투자에 성공할 수 있다는 식의 내용이었어요. 심지어 "월급 100만 원, 투자 수익 1,000만 원!" 같은 과장된 광고 문구를 달고 생로병사에 대한 인간의 두려움을 조장하면서 소비자들을 현혹하고 있었습니다.

하지만 어떤 투자든 리스크와 수익은 공존합니다. 누군가 특정 투자 종목으로 자산을 늘렸다고 그걸 다른 사람에게 똑같이 '붙여넣기' 할 수는 없습니다. 그 어떤 '투자 고수'도 당신에게 높은 수익을 확정해 비법을 전수할 수 없습니다. 그래서 이런 종류의 광고는 경각심을 가지고 봐야 합니다. 원금을 유지하는 투자 종목의 수익은 5%를 넘을 수 없습니다. 그렇지 않으면 위법입니다.

소위 '하이 리턴' 투자 상품의 경우 설계를 복잡하게 한 구조성 투자 상품이기 때문에 그 위험성을 곳곳에 아주 교묘하게 숨겨 놓습니다. 이런 투자 상품은 설명서를 냉정하게, 이성적으로 꼼꼼히 살펴봐야 합니다. 또 판매자가 말하는 기대수익률은 실제 수익률이 아니기 때문에 확실히 보장할 수 없습니다. 당신이 기대한 만큼의 수익을 내지 못할 위험이 다분합니다.

자산 관리는 일종의 '돈이 돈을 낳는' 게임이므로 리스크를 관리하는 것이 가장 중요합니다. 그래서 상품을 매입할 때는 최악의 시나리오를 고려해야 하지요. 또 자산 포트폴리오를 짤 때 '얼마를 벌 수 있을까?'보다 투자한 것을 대폭 철회해야 할 때 어떻게 대응할지에 대한 전략을 먼저 세워 두어야 합니다.

마지막으로 리스크를 분산해야 합니다. 리스크는 객관적으로 존재하지만, 그렇다고 그것을 분산하거나 최소화하고 제거하는 게 불가능한 건 아닙니다. 리스크는 확률이므로 발생할 수도, 아닐 수도 있습니다. 그래서 투자 종목을 충분히 분산하면 각각의 항목에서 리스크가 발생해 손해를 입더라도 국부적인 영향이 있을 뿐, 전체 수익에는 타격이 없습니다. "달걀을 한 바구니에 담지 말라"는 말의 의미가 바로 그것입니다.

이런 투자의 분산법과 상반되는 개념이 바로 '포트폴리오Portfolio'입니다. '투자 분산'이란 말 그대로 한두 가지 투자 항목에 집중되지 않도록 투자 항목을 다원화하는 것을 말합니다. 포트폴리오는 리스크 등급이 서로 다른 투자 항목을 최적의 조합으로 결합하는 것을 의미합니다.

리스크 등급이 다른 투자 항목을 서로 조합하면 어떤 이점이 있을까요?

'포트폴리오 이론Portfolio theory'은 미국의 경제학자 해리 마코위츠 Harry M. Markowitz 가 1952년에 처음 제시한 개념으로 체계적이고 심도 있는 연구를 거쳐 탁월한 성과를 낸 덕분에 노벨경제학상을 수상했습니다. 증권시장에서 그의 포트폴리오 이론이 확실한 효과가 있다는 것이 증명되었으며 현재는 자산의 선택과 배치에 광범위하게 적용되고 있습니다.

'포트폴리오 이론'이란 서로 다른 등급의 투자 조합으로 수익률이 각 투자 수익의 가중평균과 같습니다. 하지만 각 투자 리스크는 가중평균보다 훨씬 낮습니다. 즉, 포트폴리오를 통해 리스크를 줄이고 이로써 더 많은 수익을 올릴 수 있다는 뜻입니다.

심지어 계산을 통해 위험 자산과 무위험 자산을 조합해 최적의 배치 비율을 얻어내고 이로써 수익을 극대화할 수 있죠. 즉, 자산을 잘 배치하면 위험을 부담할 수 있는 수준에서 더 높은 기대수익을 실현할 수 있다는 뜻입니다. 물론 이 포트폴리오는 사람에 따라, 위험 부담 수준에 따라, 시장 변화에 따라 다르게 나옵니다. 하지만 최소한 자산을 효과적으로 배치하는 게 매우 중요하다는 건 알 수 있습니다.

지금까지 많은 내용을 살펴보았지만 결국 문제는 '어떻게 하면 위험을 부담하면서도 수익을 극대화할 수 있는가'입니다. 앞에서 말했듯 경제학은 우리의 일상을 반영하기 때문에 삶의 모든 문제를 해결할 수 있습니다. 그래서 위험 의식을 가지면 삶의 많은 부분에 도움이 됩니다.

사실 우리의 인생에도 '하이 리스크, 하이 리턴', '로우 리스크, 로우 리턴'이 똑같이 존재합니다.

세상에 쉬운 성공이란 없습니다. 모든 성공은 리스크를 동반합니다. 쉽게 이룬 것처럼 보이는 성공도 그 이면에는 무수히 많은 위험과 장애물이 존재합니다. 화려한 무대 뒤에는 언제나 피와 땀, 눈물이 있습니다.

"비용이나 대가는 필요 없습니다. 노력하지 않아도 됩니다. 가만히 앉아서 손가락만 움직이면 돈이 폭포수처럼 쏟아집니다!"

이런 말을 믿나요? 사람의 능력에도 포트폴리오가 필요합니다. 사람의 능력이야말로 가장 큰 투자 대상이자 최대 위험이 도사리는 대상이라고 할 수 있습니다. 시대가 일부 사람들에게 특수한 운을 선사할 수는 있어도 인생은 언제나 공평한 법입니다. 능력이 아닌 운에 기대어 돈을 벌었다면 잃는 날이 반드시 옵니다.

30년 전, 회계 전공자들에게 가장 중요한 과정은 '주산'이었습니다. 주판 하나만 잘해도 알아 주던 시대였는데 지금은 어떤가요? 하나의 직장 생활에 만족하지 않고 투잡, 쓰리잡을 지닌 사람들을 '멀티족'이라고 합니다. 일종의 능력 포트폴리오에 해당하지요. 본인이 가진 여러 기능을 활용해 다양한 직업을 가지면 투자 수익도 올릴 수 있을 뿐 아니라 투자 리스크도 줄일 수 있습니다.

롱터미즘과 장기長期는 의미가 다르다

"투자는 롱터미즘이다. 빈번하게 사고파는 건 자제해야 한다. 오랫동안 가지고 있어야 복리를 누릴 수 있다."

투자를 계획하는 사람이든 이미 시작한 사람이든 한 번쯤은 들어 본 말입니다. 최근 '롱터미즘Long-Termism (장기주의)'은 투자 분야에서 뜨거운 이슈로 떠올랐습니다. "장기주의자만이 시간의 친구가 될 수 있다.", "롱터미즘은 일종의 방법론을 넘어선 가치관이다. 흐르는 물은 앞서가려 애쓰지 않는다. 그저 끊임없이 흐르는 데 집중할 뿐이다."라고 말들 하지요.

'롱터미즘'이란 과연 무엇일까요? 끝까지 끈질기게 노력하는 것? 영원히 포기하지 않는 것? 주식 하나를 사서 장기간 가지고 있는 것일까요? 사업을 시작하고 손해를 두려워하지 않는 마음으로 계속 경영을 유지하는 것이 '롱터미즘'일까요?

어떻게 보면 맞는 듯합니다. 그런데 당신이 장기간 보유한 주식이 계속 손해를 보는 중이고, 앞으로도 희망이 없어 보인다면 계속 가지고 있는 게 맞을까요, 아니면 깨끗하게 털어 버리는 게 맞을까요? 당신이 오랫동안 종사한 업계가 이제는 사양 산업이 되어 쇠락의 길을 걷고 있습니다. 이윤이 나오지 않는 상황에서 그래도 계속 버티는 게 맞을까요? 장기주의자가 흔히 말하듯 그렇게 좋은 거라면 우리 인생에 '포기'라는 옵션이 사라져야 하는 거 아닐까요?

'롱터미즘'을 가장 간단한 말로 정리해 보면 '올바른 일을 지속하는' 것입니다. 즉, 단기적으로는 효과가 없을지라도 오랜 기간 유지하면 시간의 가치가 드러나는 일을 말하지요.

봄에 심어 가을에 수확하는 것, 10년 된 나무, 100년 동안의 인재 육성, 100일 수양 같은 것들이 모두 '롱터미즘'에 해당합니다.

농사는 봄에 시작해 가을에 끝나는 작업입니다. 봄에 씨를 뿌리고 여름에 제초 작업을 거쳐 물을 줍니다. 이 두 계절 동안에는 어떠한 수확도 없습니다. 심지어 계속 땀을 흘리고 비료를 주는데도 말입니다. 가을이 되어야 올해 농사가 풍년인지, 흉년인지 알 수 있습니다.

작은 묘목이 커다란 나무가 되기까지는 최소 3~5년, 길면 10~20년이라는 시간이 걸립니다. 이 기간에 할 수 있는 일이란 그저 기다리고 견뎌 내는 것입니다.

일론 머스크가 설립한 미국 우주탐사 기업 '스페이스X'는 '2050년,

화성 식민지' 건설이 목표입니다. 2002년 6월 설립된 이후로 계속 자금을 투자 중이고 그 가운데 수없이 많은 실패와 파산 위기를 겪었습니다. 특히 여러 차례 발사한 로켓이 대기층에 추락하면서 연소되었지만, 머스크는 로켓 재사용 기술을 개발했고, 여러 차례 실패를 거듭한 후 마침내 관련 기술에서 거대한 돌파구를 찾아냈습니다.

현재 달과 화성을 오가는 '스타십 Starship' 프로젝트는 여전히 실패를 거듭하고 있습니다. 2021년 3월 30일, 스페이스X는 시험기를 통해 고도 비행을 추진했지만, 추락 과정에서 시험기 폭발이 일어났습니다. 이것은 스페이스X에서 네 번째로 도전한 10킬로미터 고도 비행이었습니다. 추락 및 연소 과정을 지켜본 머스크는 잠깐의 침묵 끝에 말했습니다.

"그래도 최소한 모래 구덩이 위치는 맞았네요!"

이런 일들이 '롱터미즘'입니다. 물론 전체적인 시기에 어느 정도 차이가 있고 실패를 많이 겪을 수도, 적게 겪을 수도 있습니다. 비용이 많이 들어가는 것도 있고 그렇지 않은 것도 있습니다. 하지만 최종 의미를 알기 때문에 포기하지 않고 계속해서 투자합니다. 중간의 실패로 인해 포기하지 않으며 중도에 수확이 없었다고 해서 쉬어 가지 않습니다. 최종의 가치 실현을 위해 계속 나아갑니다.

'롱터미즘'의 진정한 의미는 전 생에 거쳐 그 일의 가치와 의미를 신뢰하고 마땅한 대가를 지불하는 것입니다.

롱터미즘을 지지하는 이유

롱터미즘의 반대 개념인 '숏터미즘^{Short-Termism}(단기주의)'이 한때 사람들의 사랑을 받은 적이 있습니다. 숏터미즘의 특성은 속도와 효율성이죠.

'숏터미즘'이 주목하는 것은 '기회'입니다. 우리 주변에는 뭔가 하나 유행이 불었다 하면 득달같이 달려드는 '환자'들이 있습니다. '비트코인'이 유행하면 바로 사들이고, P2P 상품이 유행하면 바로 거기로 달려갑니다. 부동산 가격이 상승하면 또 거기에 매달리고요.

물론 '숏터미즘'이든 '롱터미즘'이든 그 자체로는 옳고 틀린 것을 가려 낼 수 없습니다. 그런데 본질에서 출발해 보면 단기주의자들은 '땅을 갈고, 파종하고, 비료를 주고, 물을 주고, 길러내는' 전체적인 과정을 간과하고 곧바로 풍성한 과실을 기대합니다.

바꿔 말하면 단기 수익을 중시하는 사람들은 부분적인 환상에 빠져 있습니다. 그들은 하루아침에 돈을 벌고, 하루아침에 똑똑해지길 바라며, 하루아침에 부자가 되길 원하지요.

물론 특정 시간대에, 특정 확률로 단기간에 부를 축적한 사례가 있긴 합니다. 하지만 확률적으로 보면 대다수 단기주의자는 모두 실패

합니다. 몇몇이 아주 적은 확률로 수익을 얻었을 뿐인데 그 적은 확률이 사람들 머릿속에 각인되어 '성공 사례'라는 타이틀을 걸고 유혹하고 있는 것이죠.

'숏터미즘'으로도 수익을 낼 수 있는데 굳이 '롱터미즘'을 고집하는 이유가 뭘까요?

수익을 얻는 방법은 3가지가 있습니다. 도박, 투기, 투자입니다. 도박은 생각도 논리도 없이 하는 겁니다. 누가 뭐라고 말하면 같이 따라서 하는 게 도박이지요. 투기는 일정 시간의 연구 분석을 통해 어떤 사건을 기반으로 기회를 포착하는 걸 말합니다. 이번 재무 보고가 예상을 초과할지 아닐지를 추측하면서 모험을 걸어 보는 거죠. 투자는 주기가 긴 복리 효과에 집중합니다. 한 기업이 오랜 기간 좋은 실적을 유지 중인 데다가 시장 퍼포먼스가 좋다면 장기적으로 주가 역시 이슈가 없으므로 투자를 진행하는 것이죠.

그런 의미에서 보면 투자는 기업의 전체 상황을 연구하고, 투기는 사건을 연구하며, 도박은 아무것도 연구하지 않습니다.

장기 투자의 목표물은 '가치'이고, 단기 투기의 목표물은 '가격'입니다. 이건 투기가 잘못되었다는 말이 아닙니다. 사실 투기는 투자보다 훨씬 난도가 높습니다.

가격을 결정하는 변수는 너무 많습니다. 거시환경의 변화, 시장 정서의 변동, 기업 실적의 기복, 심지어 돌발 사건의 영향 등이 모두 기업의 가격을 포함한 가치를 널뛰게 합니다. 그래서 정확하게 '싸게 사서 비싸게 되파는' 게 무척 어렵지요.

그런데 투자는 기업의 내부 가치가 안정적이면 대내외 환경 변화에 관계없이 자연스럽게 시간을 따라 안정적으로 발전하기 때문에 장기적으로 안정적인 수익을 올릴 수 있습니다. 이해를 돕기 위해 아주 일상적인 예를 들어 볼게요.

> 고등학교를 졸업할 때가 되면 아이들은 2가지 현실적인 문제에 직면한다. 나가서 돈을 벌거나 대학에 들어가 공부하거나.
> 일을 하면 바로 수입이 생긴다. 배달 업무든 건설 현장에서 일하든 매달 200만 원 정도는 벌 수 있다.
> 대학에 입학하면 최소 4년은 수입이 없다. 학비, 기숙사비, 생활비를 모두 합치면 매달 평균적으로 200만 원씩 지출한다. 4년제 대학을 졸업하고도 평균 월급은 200만 원이 채 되지 않는다.
> 당신이라면 무엇을 선택하겠는가?

대부분이 대학 입학을 선택하리라 믿습니다. 왜 그럴까요? 4년 동안은 수입이 없고 졸업 후 받는 월급이 배달 직종보다도 낮은데 말입니다. 얼마 전에는 현재 라이더로 일하는 7만 명 정도가 석사생 출신이라는 뉴스를 접하기도 했습니다. 그런데 왜 대부분은 대학 진학 옵선을 선택할까요?

지금 당장은 대학생 수입이 고졸자보다는 많지 않습니다. 하지만 인생을 조금 살아 본 결과, 고졸자에 비해 대졸자에게 더 많은 인생의 선택과 기회가 온다는 걸 잘 알고 있습니다. 그래서 시간이 지나면 대졸자의 수입이 더 많아지죠. 배달 업무 수입은 200만 원이 최대치라 더는 오를 곳이 없고 나이가 들수록 줄어들 겁니다. 마음속에 대졸자가 가지는 신분의 가치가 지금 당장의 수입이 주는 매력을 훨씬 넘어섭니다.

이게 바로 롱터미즘을 잘 설명하는 예입니다. 시간이 지날수록 불확실한 세상에서 확실하게 답을 얻을 수 있는 것들이 존재합니다.

그렇다면 조금 전에 언급했던 도박과 투기, 투자의 옵션으로 다시 돌아가 볼게요. 실제로 도박을 해서 돈을 버는 사람들도 꽤 있습니다. 하지만 그 돈이 운에 따른 것인지, 아니면 기술이 좋아서인지는 판단하기 어렵습니다. 투기 역시 마찬가지입니다. 각종 주식의 그래프를 보면서 많은 지식을 공부하고 이제는 투자의 맥락을 잡은 것 같다고 생각합니다. 그리고 실제로 기회를 잘 잡아 엄청난 돈을 벌 수도 있습니다.

하지만 그것이 능력으로 벌어들인 돈인지, 아니면 우연한 기회가 맞닿은 것인지, 그것도 아니면 우연찮게 트렌드의 흐름을 탄 것인지 정확히 판단하기 어렵습니다.

2020년에는 알다시피 전 세계 주식이 가파르게 올랐습니다. 너도 나도 주식에 손을 대기 시작했고 실제로 많은 사람이 돈을 벌었습니다. 투자하는 종목마다 상승세를 타서 재미를 본 사람이 많았죠. 투자 수익이 높다 보니 사람들은 본인의 실력을 과신했고 심지어 하던 일을 그만두고 보유한 자산을 모두 주식에 투자한 이들도 있었습니다.

하지만 행복은 오래가지 못했습니다. 2021년 설 연휴가 지나고 단 한 달 만에 지난해 상승했던 종목들이 고꾸라졌고 심지어 사람들에게 인기 있던 과학/기술주는 반 토막이 났습니다.

물론 이것이 '최종편'은 아니지만 우리는 이 사건을 통해 롱터미즘에 관한 답을 충분히 얻을 수 있었습니다. 흔히들 "시간이 약"이라고 말합니다. 단기간에는 인생에 모이는 '샘플 계수'가 너무 부족합니다. 그걸 가지고 통계 결과를 도출했다가는 잘못된 선택을 하기 십상입니다. 성공했을 때 어떤 부분이 운이고, 어떤 부분이 실력이었는지는 시간이 오래 지나야 정확하게 파악하고 객관적으로 판단할 수 있습니다.

우리는 모두 장기주의자가 되어야 한다

단기주의자는 우연한 성공을 거둔 뒤 확률이 계속 내려가는 사건을 겪게 됩니다. 하지만 장기주의자는 최후의 '필연적'인 성공을 거두지요. 투자에서 '롱터미즘'은 주기적으로 발생하는 각종 변동과 투자철회 등을 무리 없이 넘길 수 있으므로 최종적인 가치를 실현합니다. 특히 시간이 지날수록 그 가치는 올라갑니다.

이해하기 쉬운 예로 '복리'가 있습니다.

복리의 마력에 대해서는 다들 한 번쯤 들어봤을 것입니다. 간단히 말해, 지금 당신이 스물다섯 살이라고 해 봅시다. 연수익 20%짜리 복리 상품에 10만 달러를 내고 가입했습니다. 그리고 20년이 지나 마흔다섯 살이 되었어요. 당신이 가입했던 상품은 그새 380만 달러가 되었습니다. 지금도 여전히 오르는 중이에요. 40년이 지나 예순다섯 살이 되어 은퇴를 맞이했을 때는 얼마가 되었을까요? 9억 천만 달러가 되었습니다. 스물다섯 살에 가입한 10만 달러짜리가 이렇게 불어난 것입니다.

물론 현실에서는 매년 20%의 수익률을 보장하기 어렵습니다. 이건 단지 이상적인 설정에 불과합니다. 한 발 양보해서 연 10%의 수익률로 계산한다면 50년 동안 가지고 있을 경우 117배의 수익을 받을수 있습니다. 이것이 바로 시간이 우리에게 주는 선물입니다.

그럼 '롱텀'은 대체 얼마나 긴 시간을 의미할까요? 5년? 10년? 20년? 아니면 영원을 말하는 걸까요? 사실 맞기도 하고 아니기도 합니다. 왜냐하면 '롱텀'은 연 단위로 계산하는 것이 아니라 '주기 곡선'을 기준으로 하기 때문입니다.

'롱텀'은 시간의 길고 짧음을 말하는 게 아닙니다. 이건 세상에 존재하는 모든 사물의 발전 주기를 나타내는 말입니다. 시간의 길이는 그냥 보이는 것에 불과하지요.

이 세상의 모든 사람과 사물은 시간의 포물선 위에 서 있습니다. 사과나무는 봄에 싹을 틔운 뒤 여름에 무성하게 자라나 가을에 열매를 수확하고 겨울에는 쉼에 들어갑니다. 생명의 사이클이 한 번씩 돌아갈 때마다 하나의 시간 포물선을 그리는 것이죠.

회사 창립과 발전, 성숙과 쇠퇴 역시 일종의 '생명 주기'를 따라 시간의 포물선을 그립니다. 주식, 사랑, 사업, 유행…. 존재하는 모든 현상은 이 시간의 포물선을 피해 갈 수 없습니다.

이렇듯 '롱텀'이 하나의 '주기 곡선'을 단위로 한다면 앞서 우리가 살펴보았던 것처럼 우리의 전 생애를 통해 가치를 들여다보는 정신과 일맥상통합니다. '롱텀'의 진정한 의미가 주기 전체를 아우르는 것이라면 '롱터미즘'의 의미는 바로 그 가치의 방향에 주목하는 것입니다.

장기주의자가 되고 싶다면 먼저 '가치'를 볼 수 있어야 합니다. 사물의 발전 맥락을 꿰뚫어 보고 가치의 방향을 찾을 수 있어야만 어떤 곳을 향해 장기적으로 나아갈지 깨닫기 때문입니다.

만일 장기주의자가 방향을 잘못 설정한다면 시간이 지날수록 결과는 엉망이 되어 돌아옵니다. 잠깐의 실수가 돌이킬 수 없는 폭풍을 몰고 오는 것이죠.

방향이 '1'이라고 하면 그 이면에는 '0'이 있습니다. 둘 사이의 차이는 얼마 되지 않지만, 시간이 지날수록 간극이 벌어집니다.

장기주의자는 인내심과 뚝심 가득한 '황소'가 되어야 하지만 먼저 그 전에 '예언가'가 되어야 합니다. 미래를 정확하게 판단해야 포기하지 않고 노력할 수 있죠.

결론은 명확합니다. 트렌드를 정확히 본다고 모두 성공하는 건 아니지만, 성공하려면 반드시 트렌드를 정확히 읽어야 합니다. 모든 실패가 트렌드를 정확히 보지 못해 발생한 건 아니지만, 트렌드를 정확히 읽지 못하면 반드시 실패합니다.

사실 보통 사람들에게 이것은 쉬운 일이 아닙니다. 비즈니스계에서 잔뼈가 굵은 사람들도 매번 정확하게 예측하지는 못하거든요. 비즈니스 업계의 많은 대가가 트렌드를 잘 읽어 성공하지만, 자기 생각을 계속 고집한 끝에 몰락의 길을 걷기도 합니다.

최근 한 투자 상품의 광고 문구를 읽었습니다.

"가장 큰 위험은 '레버리지'를 추가하는 것에서 시작합니다. '레버리지'를 추가하지 않으면 위험도 없습니다. 유일한 손해는 수익에서 나옵니다. 우리가 팔지 않고 버텨 내기만 하면 손해 볼 일도 없습니다."

'팔지 않고 버티면' 손해를 확인할 수 없는 건 맞습니다. 장부상의 손해를 손해로 보지 않는다면요. 이 광고대로라면 하락 중이거나 이미 파산한 기업의 주식을 팔지 않고 그대로 가지고 있는 한, 그건 여전히 당신 주식입니다. 당신은 여전히 그 회사의 주주이고요. 그러곤 말하는 거죠. "난 손해 보지 않았어요!"

다시 한번 말씀드릴게요. '롱터미즘'과 '롱텀'은 다른 개념입니다. 심지어 어떤 의미에서는 '롱텀'과 '롱터미즘'은 완전히 상반되는 개념이라는 걸 기억하세요.

롱터미즘을 유지하는 방법

어떻게 하면 '롱터미즘'을 유지하면서 길고 긴 시간 속에서 확실한 수익을 실현할 수 있을까요?

첫째, '롱터미즘'의 마인드를 지녀야 합니다.

장기적이면서 안정적인 가치 회수를 목표로 삼고, 단기적 파동의 영향을 제거해서 본인이 생각하는 '롱터미즘'에 부합하는 투자 항목을 찾아 장기적인 수익을 올립니다. 그러려면 쉽게 투자 상품을 구매하거나 포기해서는 안 됩니다. 정확하게 안정적인 종목을 선택해야 합니다. 정확한 판단만이 단기간의 손해를 막아 주기 때문이에요.

주식 투자에서 만일 과학/기술주의 발전 가능성을 봤다면 먼저 해당 분야의 선두 기업들을 몇 개 골라서 장기간 보유하는 것이 좋습니다. 혹은 소비 관련주에서 안정적인 수익을 판단했다면 관련 업계의 몇몇 선두 기업을 고른 뒤 장기간 보유해야 합니다.

각 영역에서 여러 개의 기업을 고르는 이유는 앞에서 말했던 자산 포트폴리오를 활용한 위험 분산과 관련 있습니다. 펀드 투자도 똑같은 이치입니다. 당신 눈에 들어온 몇 개의 펀드를 골라 장기적으로 투자하는 것이 좋습니다.

둘째, '롱터미즘'은 투자 후에 수수방관하라는 뜻이 아닙니다.

롱터미즘은 무슨 일이 있어도 손을 떼거나 포기하지 않는 것이 아닙니다. 워런 버핏은 2020년 3월, 미국에 코로나19가 막 퍼지기 시작했을 때 "나는 항공사 주식을 팔지 않을 것이다."라고 자신 있게 말했습니다. 그런데 4월 초, 그가 이끄는 버크셔 해서웨이에서 델타항공 주식 18%와 사우스웨스트항공 주식 4%를 매도했다는 소식이 들려왔지요. 5월 주주 회의에서 그는 항공사에 대한 자신의 판단이 틀렸다는 걸 인정하면서 이미 미국 4대 항공사의 모든 주식을 정리했다고 공식 발표했습니다.

장기 투자의 표본으로 알려진 워런 버핏이 어째서 이렇듯 단기간에 전략을 바꾸며 투기 행위를 하는 걸까요?

그는 항공사 관련주를 정리한 것과 관련해 다음과 같이 인터뷰했습니다.

"항공사 입장에서 이제 세계는 변했습니다. 하지만 저는 어떻게 변할지 모릅니다. 팬데믹 속에서 치명타를 입는 업계가 분명히 나올 겁니다. 불행하게도 항공업이 그중 하나입니다. 손실 규모는 그들이 통제할 수 있는 범위를 넘어섰습니다."

사실 그의 투자 이념은 단순히 장기 보유에 머물렀던 적은 없습니다. 판단을 내린 뒤에 결정을 번복한 일도 많습니다. 일단 해당 기업이 향후 장기적으로 문제가 있을 것 같다는 생각이 들면 그는 망설이지 않고 단번에 등을 돌렸습니다. 그의 말처럼 '틀린 길을 가고 있다면 아무리 달려 봐야 소용없기 때문'입니다.

결론적으로 '롱터미즘'은 무조건 오랫동안 보유하는 게 능사가 아니라 장기적 수익의 각도에서 결정해야 한다는 걸 알 수 있습니다.

그렇다면 주식을 '매도'할 가장 적절한 시기는 언제일까요?

저는 다음의 2가지 상황에서는 투자에서 손을 뗄 것을 제안합니다. 하나는 지금 당장 그 돈이 필요한 경우입니다. 우리가 투자하는 진짜 목적은 생활을 좀 더 윤택하게 하고 편안한 삶을 즐기기 위함입니다. 그런데 지금 당장 그 돈이 필요하다면 과감하게 돈을 빼서 삶의 수준을 끌어올리는 데 사용해야 합니다. 투자로 아무리 돈을 벌었어도 지금 당장 먹고사는 게 힘들다면 무슨 소용이겠어요.

두 번째로는 투자 가치에 큰 변화가 생겼을 때입니다. 즉, 그 투자금이 더는 장기적으로 가치 수익을 낼 수 없다는 판단이 들 때죠. 모 주식이 이미 심각한 하락세를 걷고 있거나 해당 기업의 경영 방식에 큰 변화가 생겼을 때, 혹은 기업 성장의 모델이 다른 모델로 대체되었거나 기업의 거시환경, 정부의 관리 감독 규정에 큰 변화가 생겼을 때, 기업 발전을 지탱하던 핵심 인물이 이직했을 때와 같은 사건이 발생했다면, 그리고 그것이 기업의 장기적인 발전에 영향을 준다고 판단되면 과감히 철회해야 합니다. 설사 당신이 해당 주식을 매입한 다음 날 바로 이런 문제가 터졌다고 해도 즉각 매도해야 합니다. 이건 '롱터미즘'의 이념에 위배되는 행동이 아니라 오히려 필연적인 선택입니다.

그래서 '롱터미즘'으로 투자하면 특히 세상의 변화에 따라 투자 종목의 장기적 가치에 어떤 변화가 생기는지 수시로 체크하고 알맞은 판단을 내려야 합니다. 해당 종목의 장기적 가치를 유지할 수 없다는 판단이 서면 과감히 조정할 수 있어야 해요.

지금은 각광받는 과학/기술 업계의 선두 기업이라도 계속해서 가치를 유지한다는 보장은 없습니다. 역사적으로 유명했던 대기업 가운데 쇠락의 길을 걸은 기업은 많습니다. 만일 퇴행 중인 하이테크 기업 주식을 즉각 처리해서 신흥 기업 주식으로 대체하지 않는다면 장기 투자의 가치는 사라지고 맙니다.

그런데 현실적으로 투자 종목의 장기적 가치 변화에 늘 주목하기 어렵다면 어떻게 해야 할까요?

세상에서 가장 친절한 경제학

사실 저는 개인적으로 타인에게 직접 투자 종목을 추천하는 편은 아니지만, 그래도 추천하자면 '인덱스 펀드'입니다. 인덱스 펀드는 코스피 또는 S&P500 등 정해진 지수의 수익률과 유사한 수익을 실현할 수 있도록 운용되는 펀드이기 때문에 주가지수의 수익률만큼 수익을 추구한다는 장점이 있습니다. 투자 입문자들에게 알맞은 종목입니다.

롱터미즘은 투자뿐만 아니라 결혼이나 구직, 창업과 같은 일상의 영역에서도 적용할 수 있습니다. 예를 들어 구직 활동 중이거나 어떤 기업에 입사했을 때, 반드시 해당 기업의 장기적 가치를 점검해 보아야 합니다. 롱터미즘을 추구하는 회사인지, 트렌드에 부응하는 발전 가능성이 있는 기업인지, 업계에서 독특한 우위를 지녔는지, 특히 원료나 기술적으로 경쟁력이 있는지 등을 따져 봐야 합니다. 또 단기적 매출에만 급급한 기업은 아닌지, 직원 복지는 괜찮은지, 거래처와 관계는 건강한지 등을 살펴봐야 합니다.

매몰비용은 비용인가, 아닌가?

가성비 좋은 투자인지 아닌지를 판단하는 기준은 무엇일까요? 혹시 수익에서 처음에 지불한 구매비용을 빼서 플러스면 성공한 투자, 마이너스면 실패한 투자일까요? 다시 말해서 투자를 할지 말지 결정할 때, 돈을 벌 수 있는지 없는지가 성공과 실패를 판가름하는 유일한 기준이라고 생각하나요? 틀렸습니다. 투자에서 말하는 비용은 절대 액면상으로만 보이는 그 비용이 아닙니다. 수익 역시 절대 액면상으로만 보이는 그 수익이 아니지요. 진정한 투자 비용이란 무엇일까요?

카페를 열고 싶은 당신은 고심 끝에 한 프랜차이즈를 선택했다. 초기 투자금을 계산해 보았더니 가맹비 2만 달러, 인테리어 비용 5만 달러가 필요했다. 영업을 시작하면 매달 1만 달러의 매출이 발생하는데 운영 유지비가 6천 달러 필요하므로 매달 4천 달러씩 벌 수 있다.

가맹비의 양수 기간은 2년이고 인테리어도 완성 후에는 대략 2년 정도 유지할 수 있으니 2년 동안의 수익은 9만 6천 달러다. 가맹비와 인테리어 비용을 빼면 순이익은 2만 6천 달러다.

이 사업, 해볼 만한 것일까?

언뜻 보기에는 꽤 괜찮은 사업인 듯합니다. 초기에 필요한 투자금은 7만 달러이고, 2년 동안 2만 6천 달러를 벌 수 있다면 수익률도 나쁘지 않죠.

그럼 지금 당신이 지불하는 2만 달러로 2년 동안 브랜드의 가맹권

세상에서 가장 친절한 경제학

을 가질 수 있습니다. 계약서에는 2년 안에 오픈하지 않으면 가맹비는 환불이 불가하다는 조항이 명시되어 있습니다.

가맹비를 지불했는데 갑자기 공문이 내려왔습니다. 당신이 선정한 부지 주변이 철거 구역으로 지정되어 주민들이 다른 지역으로 모두 이사를 갈 예정이라는 내용이었습니다. 그럼 고객 방문량에 엄청난 영향을 줄 것입니다. 하지만 가맹비는 이미 지불했고 환불이 불가능하니 먼저 인테리어를 할 수밖에 없습니다.

인테리어를 마치고 오픈을 준비하는 시점에서 계산을 한번 해 보았습니다. 그랬더니 고객 감소가 매출에 생각보다 훨씬 더 큰 타격을 준다는 사실을 발견했습니다. 새로운 계산법에 따르면 월 매출이 6천 달러까지 떨어지고 순이익은 2,500달러밖에 되지 않았습니다. 이제 어떻게 해야 할까요?

매달 순익 2,500달러로 계산하면 2년 동안의 순익은 6만 달러입니다. 거기에서 초기 투자금 7만 달러를 빼면 1만 달러가 적자입니다. 이 매장을 오픈하는 게 맞을까요? 2년 동안 열심히 일했는데 1만 달러를 손해 본다면 하겠다는 사람이 어디 있을까요?

그런데 사실 손해를 계산할 때는 비용을 구분할 필요가 있습니다. 가맹비 2만 달러와 인테리어 비용 5만 달러는 이미 지불한 금액으로 환불이 불가합니다. 다시 말해 매장을 오픈하든 아니든 이 돈은 회수 불가능한, 재생 불가능한 비용입니다. 이러한 비용을 '매몰비용Sunk cost'이라고 합니다.

경제학에서는 투자 혹은 인생의 모든 결정에 매몰비용을 포함하지 않습니다. 그렇게 생각하면 가맹비와 인테리어 비용을 뺀다고 하면 2년 동안의 순익은 6만 달러가 됩니다. 어때요? 생각이 조금 달라졌나요?

이해가 잘 안 된다면 이렇게 생각해 봅시다. 매장을 오픈하면 2년 동안 1만 달러 적자가 발생하지만, 매장을 닫는다면 7만 달러(가맹비 +인테리어 비용)의 적자가 발생합니다. 어떤 걸 선택하겠습니까? 아무래도 이 매장은 오픈하는 게 맞을 것 같네요.

계속 이야기를 나눠 봅시다. 오픈을 결심하고 매장을 운영하려고 하는데 본사에서 새로운 정책을 제안했습니다. 매장이 위치한 지역 주변의 철거가 예상하지 못한 불가항력의 요인이므로 2가지 지원 방안을 제시한 것이죠.

하나는 해당 위치를 포기하고 원래 예상 고객수와 비슷한 유동량이 있는 새로운 지역에 오픈하되 가맹비는 추가로 받지 않는 방안입니다. 다른 하나는 개점을 철회하는 것입니다. 특수한 상황이니만큼 특수 정책을 적용해 가맹비 전액을 환불해 주고 인테리어 보상금으로 1만 달러를 지원한다는 내용입니다. 어떻게 하시겠습니까?

숫자로만 살펴볼까요. 다시 매장을 신규 오픈한다면 고객 방문량은 예전과 비슷하므로 2년 내 순익이 최초의 2만 6천 달러와 동일하게 발생합니다. 그렇지만 오픈을 철회한다고 하면 일회성으로 3만 달러를 보상받을 수 있습니다.

당신의 선택은 무엇인가요? 사실 이 계산에도 한 가지 간과한 것이 있습니다. 바로 매몰비용입니다.

새로운 위치로 옮긴다고 해도 사용되는 가맹비는 결국 이미 지불한 금액입니다. 비록 이 가맹비는 오픈을 위해 필요하지만 이미 지불을 마쳤기 때문에 다시 낼 필요가 없으니 고려하지 않아도 됩니다.

이렇게 계산하면 신규 오픈하는 매장에 들어가는 비용은 인테리어 비용밖에 없습니다. 2년 동안의 순익은 4만 6천 달러 정도니까 폐점으로 얻는 수익 3만 달러보다 훨씬 크지요. 그러니 이 매장은 새로운 자리로 옮겨서 오픈하는 것이 맞습니다.

투자에서 매몰비용을 생각하지 마라

투자를 결정할 때 고려해야 하는 비용은 우리가 직접 볼 수 있고 만질 수 있는 비용과는 다릅니다. 앞서 의사결정을 하고 실행한 이후에 발생하는 비용 중 회수할 수 없는 비용을 가리켜 '매몰비용'이라고 했습니다. 이를 '함몰비용'이라고도 하는데, 일단 지출하고 나면 회수할 수 없는 기업의 광고비용이나 연구비용이 이에 속합니다.

매몰비용은 투자에서 매우 중요한 개념입니다. 투자를 결정할 때 매몰비용을 따로 구분해 거기에 구애받지 않도록 해야 합니다. 인류는 손실과 손해를 너무 싫어하는 경향이 있어서 최대한 그것을 피해 가려고 합니다. 그래서 매몰비용이 우리의 결정에 미치는 영향을 배제하는 걸 잘하지 못합니다.

만 원을 주고 요즘 핫하다는 영화표를 예매했습니다. 신나게 극장에 갔는데 도착해서 표를 잘못 예매한 사실을 알게 되었습니다. 다른 영화를 예매한 겁니다. 구매한 표는 환불이 불가능합니다. 결국 당신이 보려고 했던 영화를 관람하려면 표를 다시 사야 합니다. 지금 들고 있는 표는 버려야 합니다. 어떻게 할까요? 아마 많은 사람이 '기왕 온 김에'라는 생각으로 이미 예매한 영화를 보고 갈 겁니다. 돈을 주고 샀는데 버리기 아깝잖아요.

그래서 당신은 두 시간 동안 전혀 관심 없는 영화를 아주 불편한 마음으로 관람했습니다. 영화가 끝나고 나오면서 생각했어요. '괜히 아까운 두 시간만 버렸네. 그래도 돈은 안 버렸으니까 괜찮아.'

정말 그럴까요?

만 원을 내고 관람한 그 영화는 당신에게 그 어떤 가치도 제공하지 않았습니다. 오히려 2시간만 낭비하고 말았죠. 어쩌면 당신은 오늘 못 본 그 영화를 계속 보고 싶은 마음에 결국에는 나중에 다시 만 원을 내고 표를 구매해 극장을 찾을 겁니다.

무엇이 올바른 선택일까요? 표를 잘못 구매했다는 걸 안 순간, 이미 지불한 만 원은 매몰비용입니다. 영화관에 이미 간 이상, 당신은 그 만 원을 생각하면 안 됩니다. 지금은 당신이 보고 싶은 그 영화를

세상에서 가장 친절한 경제학

위해 돈을 내고 표를 사서 입장하면 됩니다.

투자도 마찬가지입니다. 그리고 결정이 느려질수록 매몰비용은 올라가고 실제 손실은 더 커진다는 걸 알아야 합니다. 앞에서 살펴본 카페 오픈 사례로 다시 돌아가 볼게요. 가맹비를 지불한 뒤에 그 매몰비용을 잠시 잊으면 이제 인구 유동량의 변화로 인한 영향을 분석하게 됩니다. 그러면 새롭게 발생할 매몰비용인 인테리어비를 줄일 수 있겠죠. 그러면 개점 혹은 폐점에 상관없이 실제로 부담해야 하는 손실이 줄어듭니다. 그러니 과감하게 결정해야 합니다. 차일피일 미루다 보면 손해는 훨씬 더 커집니다.

우리 삶도 마찬가지입니다. 연애 혹은 사랑, 또는 중요한 변화 앞에서 우리는 종종 결정을 미루고 망설입니다. 그 사람에게 지금까지 쏟아부은 감정은 물론 돈과 에너지가 아까워서예요. 그런데 매몰비용의 개념을 이해하면 과거의 손실 때문에 눈물 흘릴 일이 없습니다. 이미 지나간, 바꾸지 못할 역사 때문에 슬퍼하지 마세요. 우리는 새로운 마차에 올라타 새로운 삶을 살아가야 합니다.

당신이 보는 수익은 수익이 아니다

매몰비용을 얘기하면서 눈에 보이는 것만이 비용의 전부가 아니라는 개념을 설명했습니다. 이어서 설명할 개념도 비슷합니다.

앞에 등장했던 사례에서 카페 오픈을 계획하며 초반에 계산했던 초기 투자금을 떠올려 봅시다. 초기 투자금은 7만 달러, 2년 내 수익은 2만 6천 달러였어요. 지금부터는 수익에 관해 말해 볼게요.

2년 동안의 수익률은 37%입니다. 아주 괜찮은 숫자처럼 보여요. 다른 투자 상품에 비하면 꽤 높은 수치입니다. 하지만 이 수익은 실제 수익일 뿐, 투자를 결정할 때는 다른 요소들과 함께 결합해 생각해야 합니다.

먼저 7만 달러라는 초기 투자금은 어떻게 마련한 걸까요? 가령 은행에서 펀드 상품에 가입한 돈이었다고 합시다. 수익은 매년 안정적으로 10%에 달했습니다. 그러니까 매년 7천 달러의 수익을 올렸고, 복리의 방식으로 계산해 보면 2년간 수익은 14만 7천 달러가 되겠죠.

카페를 오픈하려면 이 펀드의 수익인 14만 7천 달러를 잃어버립니다. 그럼 7만 달러의 투자는 결국 은행의 펀드 상품에서 카페로 종목을 옮긴 거나 같습니다. 상대적으로 늘어나는 수익은 11만 3천 달러이므로 수익률은 16% 떨어집니다.

또 카페를 오픈하려면 사람도 고용해야 합니다. 고용비도 적지 않은 데다가 당신은 카페 오픈을 위해 월급 1만 달러를 받으면서 다니던 직장을 그만두었습니다. 결국 카페 오픈을 위해 7만 달러의 예금 및 14만 7천 달러의 수익과 2년 동안의 월급 24만 달러를 포기했으니 총 38만 7천 달러를 포기한 셈입니다.

카페를 오픈하지 않았다면 월급과 재테크만으로 2년 동안 38만 7천 달러를 벌 수 있습니다. 그런데 그 돈을 모두 카페 오픈에 사용했기 때문에 2년 동안의 수익은 26만 달러가 됩니다.

비교하지 않으면 상처받을 일도 없습니다. 하지만 투자를 결정할 때는 비교가 필요합니다. 동일한 자원을 다른 종목에 투자했을 때 실현할 수익을 비교해 보고 더 나은 것을 선택하는 것이죠.

경제학에서는 이러한 상대 수익 역시 비용으로 간주합니다. 이것을 '기회비용'이라고 합니다.

기회비용을 분석해야 경영에 필요한 올바른 투자를 진행할 수 있습니다. 이때 주의할 점은 실제 수익이 기회비용보다 커야 하며 이로써 유한한 자원을 최적의 자리에 배치할 수 있어야 합니다.

앞에서 살펴보았던 것처럼 기회비용은 선택으로 인해 생겨납니다. 경제 자원은 다양한 용도를 지녔기 때문에 어떤 하나의 용도를 선택하면 다른 용도의 기회는 잃게 됩니다. 따라서 포기한 용도가 가져올 최대 수익이 바로 선택한 용도의 기회비용이 됩니다.

기회비용은 우리가 인식하지 못할 뿐, 어떤 선택을 할 때마다 항상 존재합니다. 기회비용을 투자 및 생활 속에 적용하다 보면 생각했던 것과는 다른 결과가 나오는 경험을 많이 하게 됩니다.

먼저 투자 종목을 결정할 때 단순히 해당 종목의 수익만 보지 말고 조금 더 다양한 각도에서 수익을 최대화할 방법을 모색해 보아야 합니다. 예를 들어 시골에 땅이 있다면 단순히 농사용으로만 사용하기보다 물고기 양식장이나 과수원으로 사용하면 수익률이 어떤지 비교해 보고 그중 수익이 가장 높은 것을 선택해야 합니다.

　두 번째로 단순히 수익에만 미혹되지 말고 그 이면에 숨겨진, 지불해야 할 대가까지 함께 고려해야 합니다. 앞서 살펴보았던 카페 창업이 좋은 예가 되겠지요.

　마지막으로 투자뿐 아니라 우리 생활 곳곳에는 기회비용과 관련한 선택이 존재한다는 걸 기억하길 바랍니다. 시간에도 기회비용이 존재합니다. 오늘 저녁에 영화를 보러 갈 건지, 집에서 자격증 시험 공부를 할 건지, 가족과 함께 보낼 건지, 거래처를 만나러 갈 건지 등 각각의 선택에 따라 서로 다른 결과가 발생합니다.

　한 번 내린 결정은 되돌릴 수 없습니다. 시간은 쏜살같이 흘러갑니다. 당신이 내린 선택 하나하나가 당신의 인생을 만듭니다. 일을 하는 데 시간을 쓰면 사업과 커리어가 개발될 것이고 가족과 함께하면 화목한 가정을 이룰 수 있습니다. 가만히 앉아서 휴대전화만 들여다보면 점점 더 무료해지겠죠. 여러 가지를 비교하면 할수록 시간을 더욱 알차게 사용할 수 있습니다.

　앞서 살펴본 내용을 다음과 같이 3가지로 요약할 수 있습니다.

세상에서 가장 친절한 경제학

첫째, 위험을 회피할 것인가, 받아들일 것인가

이제 더는 위험을 두려워하지 않았으면 합니다. 그렇다고 무모하게 도전해서도 안 됩니다. 인생에는 '누워서 이기는' 게임이란 없습니다. 당신의 능력을 다원화하고 위험을 적절히 감내할 줄 알아야 수익을 실현할 수 있습니다.

둘째, '롱터미즘'과 '쇼터미즘' 가운데 어떤 방식으로 수익을 실현할 것인가

단기 수익에는 불확실성이 많습니다. 장기 투자만이 안정적인 수익을 확보할 수 있으며 전체 주기를 이해하는 눈을 가져야만 투자의 진정한 가치를 볼 수 있습니다. 아울러 수시로 투자 방향을 수정해 틀린 길에서 속도를 내며 달리기 하는 헛수고를 덜어내야 합니다.

셋째, 매몰비용과 기회비용은 무엇인가?

매몰비용의 간섭을 배제하여 결정을 미루는 일이 없도록 해야 합니다. 각각의 기회비용을 비교해 수익의 극대화를 실현할 수 있습니다.

CHAPTER 9

시장에서
기회를 잡는 법

돈 버는 기회

메가트렌드를 따르라
기회는 거기에 있다

올해 삼십 대가 된 W입니다. 제 생각에 저는 능력도, 운도 꽤 괜찮은 사람입니다. 명문대를 졸업하진 않았지만 운 좋게도 전망 좋은 회사에 취직해 돈을 꽤 모았습니다. 대학을 졸업하고 10년이 넘은 지금, 연봉 2억 원을 받고 있고 제 명의로 구매한 아파트 대출금은 모두 상환했습니다. 현재 아파트 시세는 20억 정도입니다.

비록 지금 돈 걱정 없이 사는 수준까지는 아니지만, 그래도 최소한 중산층에는 속하지 않을까요. 좁은 의미에서 보자면 집 있고, 차 있고, 먹고 마시는 거 걱정 없이 편안하게 사는 인생이 성공한 인생 아닌가 하는 생각이 듭니다.

그런데 저는 계속 걱정이 됩니다. 여기까지 저는 제가 할 수 있는 모든 노력을 다한 것 같아요. 하지만 그래 봤자 겨우 아파트 한 채 가지고 있는 것밖에 없네요. 더 많이 모으고 싶은데 앞으로 지금보다 더 좋은 기회가 없을 것 같아요. 인생의 운을 이제는 다 써버린 것 같은 느낌이에요. 뭔가 갑작스러운 일을 당하거나 사건이 생기면 어디서 어떻게 일어서야 할지 모르겠어요. 지금 가진 것조차 모두 잃어버리는 건 아닌지 두렵습니다.

언제 하층민으로 추락할지 모르는 두려움

아파트 가격이 급상승해 고가인 집에 살면서도 여전히 살기 힘들다고 생각하는 사람들이 있습니다. 삶의 질은 향상되지 않은 부자들입니다.

사회의 양극화는 점점 더 심해져 상상을 초월할 정도입니다. 사회의 부는 빠르게 성장했지만, 일반인들은 평생 '뼈 빠지게' 일해도 집한 채 장만하지 못합니다. 힘들게 중산층 대열에 합류했다고 해도 엄청난 심리적 압박과 스트레스에 시달리면서 혹시나 '하층민'으로 전락하진 않을까 전전긍긍합니다.

W군이 불안한 이유는 수중에 유동성 자금과 금융자산이 너무 적

기 때문입니다. 모든 자산이 현재 움직일 수 없는 부동산에 묶여 있어요. 그래서 일단 집값 오름세가 둔화되거나 멈추면, 심지어 하락하면 어디서 어떻게 돈을 벌어야 할지 모르는 난감한 상황이 될 수가 있죠.

사람들은 자꾸만 사는 게 힘들다고 말합니다. 그런데 당신의 삶이 팍스콘 공장의 노동자보다 더 고된가요? 농민들보다 더 힘든가요? 하늘 한 번 볼 여유 없이 일하며 살아가는 그들의 수입은 고작 기초 생활을 유지할 정도밖에 되지 않습니다.

돈을 버는 건 정말 고된 일일까요? 돈을 버는 건 원래 힘든 일이 아닙니다. 빠르게 발전하는 사회에서 성공을 갈망하는 사람에게는 기회가 능력보다 훨씬 중요합니다. 개인의 능력이 돈을 버는 척도가 되는 것은 안정적인 사회에서만 가능합니다. 선진국은 기술자들의 임금이 높은 편입니다. 사회 발전 추이가 안정적일 때 비로소 개인의 능력이 기회보다 더 인정받는다는 걸 증명하는 셈입니다.

젊을 때는 아무리 어려운 일도 노력하면 다 해낼 수 있다고 생각합니다. 그런데 점점 나이가 들고 경력이 쌓이면서 노력만으로는 안 되는 일이 너무 많다는 걸 깨닫게 됩니다. 그보다 사물의 본질과 흐름, 돌아가는 법칙을 아는 게 중요하다는 걸 알게 되죠.

부자 중에는 그 공로를 자신의 노력으로 돌리는 사람들이 많습니다. 하지만 똑같이 노력해도 평생을 가진 것 없이 살아가는 사람도 세상에 많습니다. 결국 시장에는 부의 분배를 좌지우지하는 '보이지 않는 손'이 존재한다는 걸 알아야 합니다. 이것이 바로 '트렌드' 입니다.

창업을 하든 취업을 하든 트렌드의 흐름을 잘 타는 게 중요합니다. 똑같이 노력해도 완전히 다른 결과가 나오거든요. 흐름을 잘 타서 기회를 포착해야 조금 더 나은 결과를 얻을 수 있습니다. 그런데 아무리 노력해도 안 되는 업계가 있어요. 그래서 트렌드가 중요합니다.

똑똑한 사람은 기억력이 좋거나 머리 회전이 빠른 사람을 가리키는 게 아닙니다. 열린 마음으로 새로운 환경을 빠르게 이해하고 거기에 맞게 마인드를 바꿔 언제나 준비가 되어 있는 사람을 말합니다. 결국 인간의 성장을 가로막는 가장 큰 장애물은 본인에게 있습니다.

트렌드를 아는 것이 중요하다

사실 트렌드에는 몇 가지 아주 재미있는 특징이 있습니다. 트렌드라는 건 아직 일어나기 전, 곧 일어나려 할 때 의미가 있습니다. 너무 빨리 트렌드를 파악해도 의미가 없고 너무 늦게 파악해도 소용없습니다. 이것이 첫 번째 특징입니다.

분명히 똑똑한 사람인데 돈을 못 버는 원인이 여기에 있습니다. 일찍부터 트렌드를 파악했지만, 성장 시기가 오려면 아직 멀었고, 그것이 시행되기에는 아직 여건이 조성되지 않은 상황이라면 큰 좌절감에 휩싸여 결국에는 허무주의에 빠집니다. 시간이 지나 모처럼 시장에서 기회를 잡을 수 있는 시기가 됐을 때는 그들의 모습을 찾아보기 어렵습니다.

너무 멀리 내다보는 사람은 선지자에 가깝습니다. 너무 빨리 앞을 내다보았다가 오히려 화를 당한 사례는 역사에서도 많이 찾아볼 수 있습니다. 폴란드 천문학자 코페르니쿠스는 중세기에 지구가 우주의 중심이 아니라는 사실을 발견했다가 화형을 당하고 말았습니다.

그런데 이미 많은 사람이 알아볼 수 있을 만큼 트렌드가 발전한 단계에 이르면 또 그 의미가 사라집니다. 진리를 모두가 받아들이는 시기가 되면 진리는 이미 상식이 되어 버리기 때문에 거기서 기회나 우위를 선점할 수가 없습니다.

이런 특징을 활용해 우리가 얻을 수 있는 건 뭘까요? 사전 판단입니다. 다른 사람이 아직 모를 때, 당신이 미리 발견하고 움직이면 기회를 선점할 수 있습니다.

"상황이 이렇게 될 줄 진작부터 알고 있었다."라고 말하는 사람들이 있습니다. 하지만 그건 큰 의미가 없습니다. 성공의 전제는 정확한 판단이며 정확한 시기에 확실하게 '입장'하는 게 핵심입니다.

두 번째 특징은 엄청난 파괴력입니다. 트렌드가 불어닥치면 그 흐름을 타는 건 생각만큼 어렵지 않습니다. 그래서 신흥 산업이라도 큰 고생이나 별다른 노력 없이 기존의 체계를 깨고 왕좌의 자리를 차지할 수 있습니다.

우리는 때로 경쟁자를 무너뜨리기 위해 막대한 돈과 에너지를 쓰고 '왕좌'의 자리를 차지합니다. 그런데 완전히 다른 세계에서 등장한 새로운 생명체가 가볍게 쏘아 올린 공 하나로 생태계의 질서가 새롭게 재편되는 경우도 있습니다.

트렌드가 생기면 '고래 싸움에 새우 등 터지는' 일도 일어납니다. 모두가 삼성페이나 애플페이를 사용하면서 현금 거래가 사라지자, 소매치기 업계는 '먹거리'가 사라졌습니다. 딜리버리업의 가파른 성장으로 컵라면과 같은 인스턴트 업계의 매출도 고꾸라졌습니다.

온라인은 사실 '시대의 혁명'입니다. 기존의 생산 작업 방식을 완전히 바꿔 놓았고 거기서 재미를 보던 '왕'들을 모두 왕좌에서 끌어내렸습니다. 이것이 바로 트렌드가 몰고 온 '격전'의 결과입니다. 완전히 다른 생태계에서 등장한 경쟁자는 두려운 존재입니다. 단순히 힘만으로 싸워 이길 수 없는 상대이기 때문이죠.

어떻게 트렌드를 예측할 수 있을까?

트렌드는 갑작스럽고 우연히 찾아오며 예측하기 어렵습니다. 그럼에도 트렌드를 따라 돈을 번 사람들이 있습니다. 크게 세 부류로 나눌 수 있습니다.

세상에서 가장 친절한 경제학

첫 번째 부류는 리더입니다. 천성적으로 '민감한 후각'을 가지고 태어난 그들은 시장의 작동 원리를 정확히 이해해 강력한 실행력을 바탕으로 일을 추진합니다. 그들은 태생적으로 모험과 좌절을 즐기며 위험 앞에서 주저하지 않습니다.

두 번째 부류는 추종자입니다. 리더를 알아보고 따라가는 사람들로 실패를 두려워하지 않으며 포기하지 않는 신념과 전투력을 지녔습니다. 알리바바 그룹의 차이충신 부회장은 예일 대학 경제학과를 졸업해 법학과에서 박사학위를 취득한 인물로 위험 투자에 조예가 깊은 전문 경영인입니다. 1999년 알리바바를 막 설립한 마윈은 융자를 받기 위해 당시 아시아 투자 유한공사에서 부총재직을 맡고 있던 차이충신을 만났습니다. 비록 대출은 성공적이지 못했지만, 엘리트 계층에 속했던 그는 알리바바의 잠재력을 민감하게 포착하고는 70만 달러의 고액 연봉을 포기하고 500위안의 월급을 받는 알리바바로 이직했습니다. 그의 도움으로 알리바바는 골드만삭스가 이끄는 500만 달러의 엔젤 투자를 따낼 수 있었고, 소프트뱅크 손정의 회장의 눈에 들어 더 많은 투자금을 유치할 수 있었습니다.

세 번째 부류는 난입자입니다. 이 부류의 절대다수는 소위 트렌드의 흐름을 타고 돈을 벌었지만, 그것은 본인이 주동적으로 움직인 결과는 아닙니다. 운 좋게 누군가에게 이끌려 급류에 몸을 맡긴 사람들이지요. 성이페이가 그렇습니다. 알리바바의 로고 디자이너이자 서열 5위인 그는 대학 졸업 후 1,600위안을 내고 미술 학원에서 디자인을 배웠습니다. 인터넷에 관심도 없고 전혀 몰랐던 그는 재직 중이던 광고회사가 마윈의 '차이나 옐로페이지'에 낙찰된 것이 계기가 되어 알리바바로 들어가 공동 창시자 중 한 명이 되었지요.

얼마 전, 유티스타콤을 그만두고 나와서 창업을 한 동갑내기를 만났습니다. 지금은 아는 사람이 많이 없을 테지만 유티스타콤은 현대 통신 영역에서 제품을 연구 개발하고 생산, 판매하는 글로벌 하이테크 통신 기업으로 세계 최고의 IP를 기반으로 엔드투엔드 네트워크 솔루션과 서비스를 제공하는 업체였습니다. 회사는 1980년대 미국에서 유학 중이던 중국 유학생이 설립했는데, 미국 실리콘밸리에서 출발해 중국에서 성장했고, 2000년 3월 미국 나스닥에 상장되어 중국과 인도에 여러 연구개발센터를 두었으며 사업 범위는 전 세계에 걸쳐 있었지요. 21세기 초에는 지금의 'BAT'[*]보다도 훨씬 인기 있는 기업이었습니다.

제가 만난 그 동갑내기 친구는 당시 유티스타콤에 공개 채용을 통해 입사한 전국에 몇 안 되는 학부생 출신으로 무수한 경쟁자를 제치고 당당하게 입사의 영광을 누렸습니다. 떨어진 사람들은 암담한 마음으로 알리바바의 문을 두드렸고 알리바바는 그 사람들을 대거 채용했습니다. 대부분이 직업학교 출신으로 명문대 졸업생은 없었다

---

[*] BAT: 바이두Baidu, 알리바바Alibaba, 텐센트Tencent.

고 합니다.

그로부터 10여 년이 지났습니다. 유티스타콤에 들어갔던 이 '천재'는 기업이 낭떠러지로 추락하는 걸 그대로 목도했습니다. 현재 회사에서 나와 창업을 준비하는 그가 가장 먼저 한 일은 저를 찾아와 '투자의 대가'들을 소개해 달라고 부탁하는 것이었습니다.

그 투자의 대가들이 누구일까요? 당시 유티스타콤에 입사하지 못해 어쩔 수 없이 알리바바의 문을 두드렸던, 바로 그 사람들입니다. 현재 그들의 몸값은 수십억에 달합니다.

개인의 능력이 모든 걸 결정할 수 있을까요? 아닌 것 같습니다. 저는 W군이 지난 몇 년 동안 회사의 발전과 상장 과정을 지켜보면서 "때로는 운이 능력보다 훨씬 중요하다."는 걸 누구보다 깊이 절감했으리라 생각합니다. 이것이 바로 트렌드의 힘입니다.

배움은 세상을 알아가는 근본적인 힘

그러면 이제 다시 처음의 고민으로 돌아가 볼게요. 세상은 변하고 있고 트렌드도 바뀝니다. 이미 어느 정도 성공을 거둔 당신이 앞으로 더 큰 성공을 향해 나아갈 방법은 뭘까요?

운을 다 써버린 것 같다는 당신의 말을 이해합니다. 행운은 늘 그

자리에 그대로 있는 게 아니니까요. 그래서 능력 있는 사람들은 자신 있게 자신의 미래를 만들어 나갑니다. 하지만 세상은 언제나 미지수로 가득하고 그 사실은 우리에게 걱정과 부담을 안겨 주지요. 세상이 계속 변하고, 그 변화의 속도가 점점 빨라진다면 제자리에 멈춰서는 안 됩니다. 세상과 함께 변화해 나가야 합니다.

워런 버핏의 투자 실적은 아마 인류 역사의 최고 기록으로 남을 겁니다. 그렇지만 지난 10년 동안 그가 택했던 방법들이 향후 10년 동안 동일하게 적용될 수 있을지 없을지는 아직 모릅니다. 그가 끊임없이 공부하고 배우는 이유도 그것입니다.

온라인 기술이 가장 큰 변화와 발전을 이룩했던 건 21세기 초였습니다. 하지만 워런 버핏은 수년간 하이테크 종목과 관련한 투자는 하지 않았습니다. 개인의 역량 범위를 넘어선다고 생각했기 때문입니다. 그래서 많은 기회를 놓치기도 했습니다.

그런데 2016년 말부터 2018년 초까지 그는 애플 주식 보유량을 여러 차례 늘렸습니다. 그 결과 애플에서 그가 가진 주식 보유량이 20%에 달하기도 했지요.

그의 이런 행보는 하이테크 관련주에 투자하지 않겠다던 의지를 깨뜨린 것이었습니다. 그는 왜 그런 결정을 하게 되었을까요? 그는 인터뷰에서 이렇게 말했습니다.

"우리는 투자할 때 '하이테크 종목을 조금 더 사야 하는가?' 하는 마음으로 접근하지 않습니다. 그보다는 이 기업이 지속적인 경쟁 우위를 지녔는지, 혹시 우리가 다른 투자자보다 이 기업을 지나치게 높게 평가하는 건 아닌지 등을 생각하죠. 애플이 하이테크 기업이기 때문에 투자한 게 아닙니다. 저는 그들이 지닌 기업 생태계의 가치와 그 생태계의 지속성, 잠재하는 위협 등 일련의 문제들을 분석하고 평가했습니다. 이걸 위해 굳이 아이폰을 구매해서 해체하고 거기에 들어간 부품을 일일이 분석할 필요는 없습니다. 그보다는 소비자행동과 소비자심리를 더 많이 분석해야 합니다."

그래서 그의 오랜 파트너 찰리 멍거는 "버핏이 애플의 주식을 샀다는 건 그가 지금도 끊임 없이 공부하고 있다는 증거"라고 말했습니다.

배움의 중요성을 강조하기 위해 찰리 망거는 종종 양자역학의 창시자 막스 플랑크의 일화를 자주 인용합니다.

플랑크는 노벨물리학상을 받은 후 독일 각지를 돌아다니며 강의를 했습니다. 그런데 강의 내용이 비슷비슷했어요. 전부 양자물리학 이론에 관한 것이었죠. 시간이 지나자, 그의 운전기사까지 강의 내용을 줄줄 외울 정도가 되었습니다. 하루는 기사가 그에게 말했어요.

"교수님, 매번 너무 똑같으니 재미가 없는 것 같습니다. 이번 뮌헨 강의는 제가 한번 해 볼까요? 교수님은 제 모자를 쓰고 맨 앞줄에 앉아계시는 거 어때요?"

플랑크는 그의 제안을 받아들였습니다. 운전기사는 그의 말 그대로 한치의 흔들림도 없이 양자물리학에 관한 긴 강의를 진행했습니다. 강의 후 질의응답 시간이 되자 물리학 교수들이 그에게 어려운 질문을 던졌습니다. 그러자 그가 이렇게 대답했다고 합니다.

"이렇게 뮌헨처럼 발달한 선진 도시에서 이토록 쉬운 질문이 나올 줄은 미처 예상하지 못했습니다. 자, 제 운전기사에게 대답을 청하도록 하죠."

세상의 지식은 둘로 나뉩니다. 하나는 플랑크의 지식으로 진정으로 '아는 사람'의 지식이죠. 그의 지식은 스스로 노력해서 얻은 결과이자 그가 가진 능력입니다. 또 다른 하나는 기사의 지식입니다. 그는 지식이 아닌 요령을 터득했습니다. 아름다운 머리색이나 매력적인 목소리로 청중의 마음을 울리고 깊은 인상을 남길 수는 있습니다. 하지만 사실 그가 가진 지식은 '죽은 지식'입니다.

지식을 암기식으로만 외우면 시험 성적은 잘 나올 수 있겠죠. 하지만 인생에 그리 큰 도움은 되지 않습니다. 다양한 지식을 섭렵해야 해요. 그것으로 머릿속에 하나의 사고의 틀을 마련해야 합니다. 어떤 상황을 만났을 때 그 틀 안에 있는 지식을 바로바로 꺼내 사용할 수 있어야 합니다.

물론, 이건 말이 쉽지 어려운 일입니다. 그래서인지 점점 더 많은 사람이 배움을 포기해요. 그래서 변화하는 세상과 어울리지 못하고 자꾸만 겉돌아요. 옛것만 고수하며 좋아하는 사람들이 있어요. 그들도 처음엔 그러지 않았을 거예요. 그만큼 평생 공부는 어려운 일입니다.

머리를 계속 써야 하는 것도 있지만 우리가 끊임없이 공부해야 하는 이유는 시간이 지나면서 경력과 능력이 쌓이면 쌓일수록 더더욱 새로운 지식으로 편견을 깨트려야 하기 때문입니다. 하지만 수십 년에 걸쳐 형성된 생각과 가치관을 새로운 지식으로 깨트리고 새롭게 조합하는 것은 그리 간단한 일이 아닙니다.

어릴 때는 뭐든지 빨리, 잘 배웠던 거 같은데 지금은 그렇지 않은 이유가 뭘까요? 지식의 피라미드에서 가장 밑 부분은 만들기 쉽습니다. 올라갈수록 어려워요. 성인이 된 후에는 이미 자신만의 지식으로 피라미드를 쌓아 올린 뒤라서 벽돌 몇 개 추가하기도 쉽지 않지요. 그러면 어떻게 해야 할까요? 기존의 벽돌을 새로운 벽돌로 바꿔 줘야 합니다. 지식의 교체와 전환은 골조를 건드리는 것과 같아요. 그러니 당연히 어렵죠.

그래도 우리는 계속 배워야 합니다. 배움으로 인한 변화는 아주 천천히, 느리게 나타납니다. 하지만 그 효과는 실로 엄청나죠. 배우는 걸 하나의 습관으로 만들어 보세요. 지식에 대한 열린 마음으로 겸손히 배워 보는 거예요. 그래야만 당신 눈앞에 놓인 세상이 조금 더 선명하게 보입니다. 스티브 잡스가 했던 말을 기억하세요.

"Stay Hungry, stay foolish."

CHAPTER 10

200만 원이 50년 후 20억이 되는 원리

복리의 힘

실로 복리의 마력은 강력하다
그러나 세상에 '누워서 돈 먹기'는 없다

최근에 투자를 계획 중인 S입니다. SNS에서 투자와 관련된 여러 계정을 팔로우하다 보니 하나같이 '복리'의 개념을 강조하며 이것이 투자에서 가장 매력적인 방식이라고 조언하는 걸 들었습니다.

펀드나 주식을 팔 때도 모두 복리를 얘기하더라고요. '롱터미즘'을 지지하는 저로서는 장기적이고 안정적으로 보상을 받을 수 있다는 점이 제 투자 이념과도 잘 맞는 것 같아요.

며칠 전에는 알고리즘 추천에 뜬 계정에 들어가 보았더니 친절하게 복리 관련 상품을 상담해 주더라고요. '한 달 안에 만 원으로 십만 원

만들기!'라는 제목으로 쉽게 투자할 수 있는 종목에 관해 얘기해 주었는데요. 복잡한 건 필요 없고 제가 지인들을 초청해서 플랫폼에서 물건을 사고, 그 친구들이 또 다른 지인을 초청해서 물건을 사게 하면 매번 구매가 일어날 때마다 저에게 약간의 수수료가 들어온다는 내용이었어요. 주문 한 건당 수수료는 얼마 되지 않지만 모든 사람이 매일 한 사람씩만 초청해서 물건을 사면 한 달 새 수수료가 백만 원이 넘어가더라고요.

그걸 들으면서 속으로는 '말도 안 돼. 좀 이상한데?'라고 생각했지만 그렇다고 어디가 이상한 건지는 제대로 집어낼 수가 없었어요. '복리'라는 게 정말 그렇게 대단한 건가요?

복리의 3가지 기본 논리

복리가 무엇인지 설명하기 전에 한 번 살펴보고 가야 할 이야기가 있습니다. '아르키메데스와 국왕의 장기 시합' 이야기를 먼저 들려 드릴게요.

체스 솜씨가 뛰어났던 국왕은 사람들과 시합하는 걸 좋아했다. 어느 날, 그를 방문한 수학자 아르키메데스에게 국왕은 체스 내 기를 요청했다. 그러나 하루 종일 두어도 승부를 가를 수 없었다. 국왕은 기뻐하며 아르키메데스에게 물었다.

"만일 자네가 이기면 무엇을 원하는가?"

아르키메데스는 왕국의 곡식 창고를 바라보며 말했다.

"만일 제가 이기면 바둑판 칸만큼 쌀알을 놓아 주십시오."

국왕이 영문을 모르겠다는 얼굴을 하자 아르키메데스가 말했다.

"제가 이기면 첫 번째 칸에 쌀 한 톨, 두 번째 칸에 두 톨, 세 번째 칸에 네 톨을 넣어 주십시오. 이런 식으로 그 전 칸의 두 배씩 되는 양을 칸에 넣어 주시면 됩니다."

국왕은 해 볼 만한 내기라고 생각했다. 곡식 창고는 가득 채워져 있고, 그에 비해 체스판은 작았다. 그는 기쁘게 응수했다.

아르키메데스가 마침내 내기에서 이겼고 약속한 대로 곡식을 내어줄 때가 왔지만 창고에 있는 곡식으로는 그 작은 바둑판 칸수를 모두 채울 수가 없었다.

국왕은 아르키메데스에게 얼마만큼의 쌀을 빚졌을까요? 만일 첫 번째 칸의 쌀 한 알을 20으로 잡는다면 두 번째 칸은 21, 세 번째 칸은 22로 쓸 수 있습니다. 그러면 N개의 칸은 2N-1로 표현할 수 있습니다.

국왕의 체스판에는 총 64개의 칸이 있습니다. 그러면 마지막 64칸의 경우 놓아야 하는 쌀알은 263, 즉 9,223,372,036,854,775,808알입니다.

그러나 이건 단지 마지막 칸의 양만 나타낸 것입니다. 체스판 전부의 양을 합치면 총 18,446,744,073,709,551,65알이 됩니다.

쌀 한 알의 무게가 약 0.016g이므로 쌀 1kg에 약 6만 2,500개의 쌀알이 들어갑니다. 이런 식으로 계산하면 약 2951.48억 톤이 필요한 셈입니다. 국제연합 식량농업기구에서 발표한 데이터에 따르면 2019년 글로벌 식량 총생산량은 27.22억 톤에 달했습니다. 아르키메데스가 체스 한판으로 108년 치 글로벌 식량을 가져가는 셈입니다.

위 이야기처럼 복리라는 건 직감적으로는 잘 와닿지 않습니다. 국왕처럼 "쌀 한 알이라 해 봤자 얼마나 더 많아지겠어."라고 생각하지요.

물론 처음에는 그 진가를 잘 알아채지 못합니다. 하지만 그 진가는 우리가 미처 내다보지 못한 곳에서 드러납니다.

직감적으로 잘 와닿지 않는 일은 단기적으로는 그 차이를 분명하게 가려 내기 어렵습니다. 그래서 대부분의 사람이 별로 신경을 쓰지 않지요. 하지만 사람들이 보지 못하는 부분을 볼 수 있다면 거기서 당신의 실력이 드러납니다.

이것이 바로 '복리의 마력'입니다. 처음에는 그 효과가 미미하지만 복리를 통해 사람들은 상상 그 이상의 효과를 볼 수 있습니다.

복리는 숫자 게임이 아닙니다. 투자에 적용할 수 있는 철학입니다. 복리로 재미를 보고 싶다면 반드시 주의해야 할 점이 3가지 있습니다.

첫째, 원금입니다.

돈을 굴리려면 처음 '크기'가 중요합니다. 처음 투자한 원금이 얼마냐에 따라 향후 복리 이자가 달라지거든요. 1원을 넣는다면 100배가 늘어난다 한들 고작 100원입니다. 만 배 늘어나야 만 원이에요. 그런데 100원을 투자하면 만 원으로 늘어나고 만 배 늘어나면 100만 원으로 불어납니다. 복리의 매력은 원금을 늘려 주는 데 있습니다. 그렇다면 원금을 많이 투자할수록 변화도 커지겠지요.

둘째, 수익률입니다.

국왕의 체스 내기는 수익률 100%인 복리에 해당합니다. 정상적인 투자는 그렇게 높은 수익률을 기대하기 어렵습니다. 하지만 아무리 적은 수익률이라고 해도 오랜 시간을 거치면 엄청난 차이가 발생합니다. 예를 들어, 만 원으로 투자해서 20%의 수익률을 유지한다면 30년 뒤에는 237만 원이 됩니다. 237배가 늘어나는 거죠.

수익률이 클수록 결과에서도 차이가 커집니다. 15%의 수익률이라면 20년 뒤 자금은 원래의 16.37배에 달합니다. 수익률이 20%라면 원래의 38.3배가 되고요. 거의 배가 차이 납니다. 만일 50년으로 시간을 더 늘린다면 수익률 15%는 1083.66배가 되고 20%는 9100.44배가 됩니다. 8배 차이가 나죠. 다시 말해 수익률을 올리는 것이 투자자가 연구하고 주목해야 할 부분입니다.

셋째, 주기입니다.

복리에 적용되는 햇수가 핵심입니다. 연수익 20%가 10년이면 6배, 20년이면 38배, 50년이면 9,100배가 됩니다. 가장 중요한 건 만기가 될수록 수익이 눈에 띄게 늘어난다는 점입니다. 가령 수익률 20%의 경우 50년 만기 투자 종목이면 마지막 5년 동안의 수익은 45년 전의 2배 정도에 달합니다. 이러한 효과를 가리켜 '시간의 친구'라고 말합니다.

부를 축적하는 과정은 단거리 경주도, 마라톤도 아닙니다. 그보다 더 길게, 심지어 수십 년을 참고 견뎌야 하는 싸움입니다. 복리의 원칙을 제대로만 이해하면 즉각적인 만족감을 잠시 버려두고 시간을 친구 삼아 부를 쌓아 갈 수 있습니다. 비록 출발 자금이 미미하더라도 충분한 인내심과 안정적인 '이자'만 더해진다면 이 경주에서 거뜬히 이길 수 있습니다.

세상에서 가장 친절한 경제학

복리는 쉽게 버는 돈?

이런 논리대로라면 원금을 조금만 넣어 놓고 기다리기만 하면 될까요? 누워서 손쉽게 돈을 버는 것 같지요? 그런데 그게 그렇게 간단하지가 않습니다.

찰리 멍거는 복리를 매우 중요한 투자 수단으로 삼았는데요. 이런 말을 강조했습니다.

"복리의 마력을 이해하고 그 어려움을 함께 수용해야 합니다."

'어려움을 함께 수용하는 것'은 머리로는 잘 이해하지만 사실 실제로 해 보면 절대로 쉬운 일이 아님을 알 수 있습니다. 이유는 다음과 같습니다.

첫째, 수익률의 안정성을 실현하는 게 매우 어렵습니다.

앞에서 복리를 계산할 때 우리가 가정한 상황은 수익률이 매년 변하지 않는, 고정 수치를 적용한 것입니다.

하지만 안정적인 성장은 사실 실현하기 어렵습니다. 경제는 일정한 주기성을 보이며 성장합니다. 일단 주기에 변동이 생기기 시작하면 일정 수준까지 도달해야 합니다. 이 말은 그전까지의 복리 수익이 전부 사라질 수도 있다는 뜻입니다.

예를 들어 해당 주기 내에서는 어떤 해라도 손실이 100%가 될 수 있습니다. 그 전에 쌓아 둔 모든 것이 다 사라질 수 있다는 말이지요.

힘들게 49년을 기다려서 이자를 잘 쌓아 놨는데 50년째 되는 해에 손실이 100%가 되면 모든 게 물거품으로 돌아갑니다. 그럼 복리의 의미는 도대체 어디에 있을까요? 설령 100%가 아니라 50%, 30%의 손해라고 해도 주기가 출현하면 복리의 배수 효과도 크게 줄어듭니다. 그래서 장기 투자 종목의 경우 일정한 수익률을 포기하더라도 일단은 안정적인 수익을 우선시하는 경향이 있습니다.

둘째, 시간은 친구도 되지만 적도 될 수 있습니다.

복리의 효과는 충분한 시간이 있어야 드러납니다. 달리 말하면 시간이 오래 지나 미래에 얻을 성취감을 위해 지금 당장, 단기적인 만족감을 포기해야 한다는 뜻입니다. 자산을 축적한다는 각도에서 보면 맞는 이치지만 향후의 성취감과 지금의 행복감을 비교했을 때 무엇이 더 중요할까요? 지금 만 원을 투자하면 100년 뒤에 100억으로 불어난다고 할지라도 이 세상에 죽고 없으면 과연 무슨 소용일까요.

셋째, 복리 배수 효과의 가치가 생각만큼 크지않습니다.

예를 들어 중국이 막 개혁개방을 실시했을 때 연간 수입이 200만 원을 넘어가는 가정은 부자에 속했습니다. 그런데 만일 그 당시의 부자가 자신의 전 재산 200만 원을 '50년, 수익률 1,000배'짜리 복리 상품에 투자했다면 어떤 일이 일어날까요?

개혁개방 50주년이 아직 안 된 지금, 설령 천 배의 수익을 실현해

20억 위안 정도까지 불어났다고 해도 사실 지금은 '돈 있는 사람' 축에 속하지 못합니다. 심지어 상하이에서는 좋은 집 한 채도 구하지 못하는 수준이지요.

왜 그럴까요? '50년, 수익률 1,000배'는 보기에는 숫자가 매우 화려해 보이지만 사실 연수익률로 따지면 15%밖에 되지 않습니다. 게다가 해당 기간 중국의 경제 발전 속도는 복리가 가져다준 수익을 훨씬 뛰어넘지요.

복리는 수익과 직접적인 관계가 없다

중요한 건, 이자 계산 방식이 투자 수익 정도를 결정하지 않는다는 점입니다. 복리를 '추앙'하는 글이나 광고에서는 10년 동안의 복리와 단리를 단순 비교하고 거대한 결과의 차이를 강조합니다.

그런데 정말 그럴까요?

100만 원을 한 종목에 투자해서 성공을 거두었습니다. 2년 뒤에 상품이 만기가 되어 144만원을 수령했어요. 총 44만 원을 벌었습니다. 단리로 계산하면 수익률은 44%입니다. 그런데 2년 만기 복리로 계산하면 수익률은 20%입니다.

복리가 단리에 비해 우수한 점은 무엇일까요?

수익률이 확정적인 상황이라면 복리는 자연스레 단리보다 훨씬 수익이 높습니다. 하지만 안타깝게도 우리의 수익은 수익률에 따라 확정되는 게 아닙니다. 오히려 반대로 수익률은 최종 수익이 얼마인가에 따라 계산해서 나오는 비율입니다.

다시 말해 수익률이 수익을 결정하는 게 아니라 수익이 수익률을 결정한다는 뜻입니다. 복리 혹은 단리, 어떤 방식으로 수익률을 계산하든 그건 중요하지 않습니다. 단지 서로 다른 계산 방식으로 다른 결과를 도출해 낸 것뿐입니다.

우리가 예금이나 투자 상품의 가치를 판단할 때는 해당 예금이나 투자 상품이 생산하는 '수익의 높고 낮음'에 주목해야 합니다. 계약서 상에 나온 '이자 계산 방식'에 넘어가면 안 됩니다.

그런데 금액이 다른 투자 상품의 경우 무엇이 수익이 높은지 판단하기 힘들 때 기준으로 삼을 만한 지표가 있을까요? 네. 있습니다.

경제학에서 사용하는 통일 지표가 있는데 이를 '내부수익률Internal rate of return', 줄여서 IRR이라고 합니다. 이것은 예측한 장래의 순수익이 실현될 경우, 일정액의 투자에 관한 수익률을 말합니다. 보통 내부수익률은 '보유기간 중 투자량에 따라 산출되는 또는 산출될 수 있는 자본의 연 환산수익률'로 정의할 수 있습니다.

모든 투자는 어느 해에 얼마를 지출했고 어느 해에 얼마의 수익을 얻었는지 알면 됩니다. 이는 투자 금액의 규모나 투자 기간, 현금흐름 모델이나 계산 방식에 상관없이 IRR로 모두 계산할 수 있습니다.

그래서 현대 금융 체계에서 IRR은 '투자 수익률을 판가름하는 유일한 기준'이라고 봅니다.

IRR은 1년을 수익의 계량 구간으로 설정하기 때문에 현금흐름 중에 원금과 이자를 구분해서 계산합니다. 그래서 IRR은 본질적으로 '연 복리'의 개념으로 볼 수 있습니다.

만약 연 복리의 이자 계산 방식으로 계산하지 않는다면 그 투자 상품의 이자 계산 방식에 사용된 이율은 연수익률의 개념이 아닙니다. 그러니 단순하게 이율 숫자의 크고 작음으로 투자 수익률이 높고 낮음을 판단할 수 없습니다. 투자의 총수익에서 IRR을 역산출 해야 해당 상품의 연수익률을 제대로 알 수 있습니다.

IRR의 계산 방식을 통해 알 수 있듯, 복리는 '돈의 시간적 가치'를 반영하는 이자 계산 방법입니다. 단순히 복리와 단리를 비교해서 복리의 높은 수익을 기대하는 것은 잘못된 방식입니다.

복리에 숨어 있는 함정

복리는 '돈의 시간적 가치'를 구현합니다. 복리 개념에서 시간 가치의 중요성을 이해하고 투자에서 장기주의를 유지한다면 부는 확실히 시간이 지남에 따라 늘어가기 때문에 복리 상품은 충분히 투자할 가치가 있는 게 맞습니다.

하지만 복리를 너무 맹신하면 '복리의 함정'에 빠질 수 있습니다.

가령 사연에서 말씀한 것처럼 '지인을 끌어오는' 방식의 투자 상품은 주의해야 합니다. 소개해 준 내용처럼 한 사람이 가입할 때마다 얻는 수수료는 100원인데 한 달 안에 100만 원이 넘는 수익이 나온다고 하면 이것이야말로 앞에 등장했던 '국왕의 체스 게임' 아닐까요? 100년 이상의 세계 식량 생산량으로도 국왕이 내기에서 갚아야 할 쌀을 감당하지 못합니다. 그럼 당신이 말한 100만 원 이상의 수수료 수익은 사실 한 달 안에 10억 명이 가입해야 실현할 수 있는 수치예요. 어쩐지 그 사람들이 한 달 치만 계산하는 이유가 있었어요. 한 달만 더 계산했다가는 전 세계 모든 사람을 끌어와도 모자랄 판이니까요. 그런데도 많은 사람이 이러한 복리의 유혹에 솔깃해서 함정에 빠져들어요.

최근 몇 년 동안 차량 담보 대출인 오토론 플랫폼들이 소비자를 끌어들이기 위해 "예치금 필요 없습니다! 대출 이자도 없습니다!"라는 등의 광고를 내거는 걸 자주 봤습니다. 심지어 일 단위로 계산해 이자를 계산하겠다는 곳도 봤습니다. 이런 걸 보면 차를 사는 게 그렇게 어려운 일 같지 않아요. 비용도 얼마 안 들어가는 것 같습니다.

그런데 사실 이런 광고는 은행의 주택담보대출처럼 원금과 이자를 같이 상환해야 합니다. 다만 그들이 내거는 논리는 본질적인 의미에서 보자면 일종의 복리 개념을 활용한 단순 마케팅에 지나지 않습니다.

가령 오토론으로 차를 산 경우 일 단위로 계산한다면 매일 발생하는 명목금리는 0.027%밖에 되지 않습니다. 2천만 원을 대출 받으면 매일 5만 4천 원씩만 상환하면 됩니다. 얼마 안 돼 보이죠. 그래서 많은 사람이 오토론으로 차를 삽니다. 하지만 이건 정말 단순 텍스트로 장난을 친 마케팅입니다. 실제로 계산해 보면 유효 연이율(IRR)은 10.52%나 됩니다. 일반 은행 대출 이자보다 훨씬 높지요.

복리의 신화는 마케팅의 결과입니다. '누워서 돈 먹는' 이미지를 잘 포장한 결과죠. 그런데 불행히도 이 세상에는 '누워서 잃는 돈'은 있어도 '누워서 버는 돈'은 없습니다.

CHAPTER 11

왜 내가 주식을 사면
내리는 걸까?

주식의 등락

주가는 미래의 모든 수익에 대한 예측을
반영하기 때문이다

주식을 시작한 지 얼마 안 된 '주린이'입니다. 금융에 대해 아는 게 별로 없어요. 작년 연말, 주식 열풍이 불었을 때 저도 처음 주식 시장에 발을 들였습니다. 이공계 출신인 제가 생각하기에 투자는 아주 이성적인 분야인 것 같았어요. 좋은 주식을 선별하기 위해 저는 각 기업의 경영 실적과 주가수익률 등 여러 지표와 자료를 열심히 들여다보고 분석했습니다. 그리고 거기서 투가 가치가 큰 주식을 구매했어요. 하지만 2021년 설 연휴가 지나고 정말 '크게 한 방' 제대로 맞았습니다. 잘나가던 주식이 갑자기 폭락하기 시작했어요. 제가 고른 주식들은 하나같이 고꾸라졌습니다. 회사 경영에 큰 문제가 생긴 것도 아닌데 어떻게 그렇게 큰 폭으로 하락할 수 있는 건지 도저히 이해되지 않았어요. 주식을 매입할 때 기업 재정이 튼튼하다는 걸 몇 번이고 확인했거든요. 특히 일부 기업은 기대 성장률을 30%라고 발표했었어요. 그런데 정말 처참하게 하락했습니다. 기업 실적이 좋은데 왜 주식이 하락하는 거죠?

더 이해가 안 가는 건 일부 기업은 실적이 적자를 보이는데 주가는 오히려 상승한다는 거예요. 테슬라는 주가수익률이 천 배 이상 치솟았지요. 그럼 손익분기를 실현하려면 천 년 이상을 기다려야 한다는 말 아닌가요? 주식의 등락에도 논리라는 게 있는 건가요? 아니면 정말 순수하게 '감(感)' 따라 움직여야 할까요?

주가수익률은 주가를 결정하는 근거가 아니다

2020년, 주식 시장에 열풍이 불었습니다. 주식을 사는 사람들도 점차 많아졌죠. "어떤 주식이 좋다더라.", "이 주식은 빨리 팔아야 한다." 등 여기저기 각자의 논리와 근거에 따라 다양한 논점이 쏟아졌습니다. 이견은 없었습니다. 왜냐하면 거의 모든 종목이 오르고 있었기 때문에 그 어떤 이론으로 분석하든 간에 어쨌든 현실로 나타났거든요.

그런데 2021년 설 연휴가 지나고 나서부터 전체 판이 흔들리기 시작했습니다. 경영도 발전 추이도 건강한 이른바 '우량주', '매집주'들이 폭락하기 시작했어요. 정말 많은 사람이 눈물을 흘렸습니다.

이때는 사람들이 과거에 사용했던 분석법이 아무런 소용이 없어 보였습니다. 대체 주식 시장은 어떤 논리로 움직이는 걸까요?

사람들이 주식 시장을 평가할 때 기준으로 삼는 근거는 바로 '주가수익률'입니다. 그런데 시장의 각종 주식을 잘 분석해 보면 주가수익률이 천차만별임을 발견할 수 있습니다. 어떤 종목은 주가수익률이 20배인데 어떤 종목은 천 배까지 치솟았습니다. 이윤은 계속 마이너스인데 주가는 오르는 현상도 있습니다. 이건 또 어떻게 된 일일까요?

주가수익률 말고 또 중요한 개념 하나가 '주가순자산비율Price-to-Book Ratio'입니다. 이 지표는 더 이상해요. 어떤 주식은 주가순자산비율이 1 이하입니다. 이는 시장 가치가 순자산보다 더 낮다는 뜻입니다. 그럼 회사의 자산을 팔아서 더 높은 수익을 얻을 수 있는 것 아닐까요? 이는 차 한 대 가치가 해체해서 부품을 따로 떼어 파는 것보다 더 낮은 격입니다. 어째서 주가가 그렇게까지 떨어질 수 있을까요?

이 문제를 해결하려면 먼저 오해 하나를 바로잡아야 합니다. 주가수익률은 주식 가격의 결정적 요인이 아니라 일종의 주가를 표현하는 방식입니다. 즉, 주가수익률이 주가를 결정하는 게 아니라 주가가 주가수익률을 결정한다는 의미입니다.

이것은 주가가 높은지 낮은지를 판단하기 위해 주가수익률을 사용하는 우리의 표준을 근본적으로 뒤바꾸는 것입니다. 더군다나 주식의 시세는 이윤에서 나오는 것도 아니고 자산에서 나오는 것도 아닙니다.

그렇다면 주가는 대체 어떻게 결정되는 걸까요? 무엇과 상관 있을까요?

주가는 먼저 시장 공급의 수요가 균형을 이룬 결과입니다. 사고 싶은 사람과 팔고 싶은 사람이 똑같이 존재하지요. 특히 기관이 주도하는 시장은 가격 결정이 더욱 엄격합니다. 기본적으로 사람들이 모두 수용할 수 있는 가격 결정 모형을 사용하는데 '자산 가격 결정 이론'이 그 근거가 됩니다.

'자산 가격 결정 이론'에 따르면 한 기업의 가치는 해당 기업의 전체 생애주기 동안 주주들에게 얼마나 많은 수익을 가져다줄 수 있는지에 따라 결정됩니다.

그렇다면 주가는 기업이 향후에 창조해 낼 수 있는 모든 가치의 표현이라고 볼 수 있겠지요. 기업이 미래에 얼마나 많은 가치를 창출할 수 있는가는, 기업이 얼마나 존재할 수 있는지, 매년 어디까지 성장할 수 있는지, 어떤 수익을 가져다줄 수 있는지에 달려 있습니다. 이러한 문제에 대해 사람들은 모두 각자 마음속으로 가설을 세우고 예측을 합니다. 이러한 예측이 주가의 기초를 이룹니다.

예를 들어, 한 기업이 지금은 이윤을 내지 못하고 심지어 매년 적자를 기록합니다. 이것은 주주들에 대한 공헌이 마이너스라는 의미입니다. 하지만 이 기업이 가진 독특한 시장 경쟁 우위 때문에 사람들은 2년 정도가 지나면 흑자로 전환하고, 이후에는 매년 100% 이상의 수익을 달성할 수 있을 것으로 예상합니다. 이것은 비록 지금은 주주들을 위해 가치를 창출하지 못하지만, 머지않아 가치 창출의 성장 속도가 매우 빠르며 전체 수익이 늘어난다는 것을 의미합니다. 그러면 사람들은 이 기업에 매우 높은 평가를 내리는데 이것이 주가에 그대로 반영됩니다.

　이러한 관점에서 보면 주가수익률이 천 배 이상이라는 것은, 이 기업이 천 년이 지나 손익분기를 실현하는 것을 주주들이 용인해 줄 수 있다는 말이 아니라, 이 기업이 성장 가능성이 있고, 앞으로 매우 빠르게 성장할 것이며, 시장 점유율과 이윤 증가 속도가 매우 높아질 것으로 예상해 현재 보이는 모습보다 훨씬 높은 가치를 부여한 것입니다.

　반대로 현재 이윤은 매우 많지만 시장에서는 그 기업이 이미 쇠퇴의 길을 걷기 시작해 수익이 하락할 것이고 얼마 지나지 않아 적자를 면치 못할 거라고 생각한다면 주가 역시 하락세를 걷게 됩니다. 현재의 높은 이윤과 낮은 시장 가치를 대비해 매우 낮은 주가수익률을 보이는 것입니다.

PART 3 돈을 버는 기본 원리

기업의 시가가 순자산 가치보다 낮은 이유

기업의 시가는 미래에 창출할 가치 능력에 따라 결정됩니다. 이는 적자를 보이는 기업의 주가가 높은 이유를 설명합니다. 현재는 적자이지만 사람들은 이 기업의 경영 모델이 매우 선진적이며 성장 가능성이 커서 앞으로 큰 이익을 내리라 생각하는 것입니다. 이러한 예측성 이익이 지금의 주식 투자자들을 움직이는 동력이 됩니다.

반대로 이미 쇠퇴기에 접어들어 성장 가능성을 잃어버린 기업은 경영 실적도 나날이 악화될 거라는 예측을 피해 갈 수 없습니다. 그러면 주가수익률 역시 떨어집니다. 특히 이것은 주가순자산비율에 반영되어 심지어 기업의 순가치보다 아래로 떨어집니다. 순자산이 이미 '죽었기' 때문에 합리적인 가치를 창출할 수 없기 때문이지요.

예를 들어 모 부동산 상장 기업이 2021년 어느 날 주가수익률이 0.27밖에 되지 않는다면 이 기업이 지닌 1원의 순자산을 시장에서는 0.7~0.8원으로만 평가한다는 의미입니다. 그런데 그런 기업이 보유한 자산은 주로 상업용지들로 모두 값어치가 있는 자산인데 왜 시장에서는 인정하지 않는 걸까요?

중국 부동산의 경우 상업용이든 거주용이든 임대수익률이 매우 낮기 때문에 이 기업의 순자산수익률은 1.46%로 은행의 고정금리와 비슷한 수준입니다. 은행의 원금보장형 재테크 상품과 비교해도 큰 차이가 없습니다.

바꿔 말하면 이 기업에 만 원을 투자하면 얻는 수익이 은행에 저금해 두고 '이자를 먹는' 것과 별반 차이가 없다는 뜻이지요. 그러면 누가 이 주식에 투자를 하겠습니까.

그러면 비록 이 기업의 자산은 매우 가치가 있지만 주주들에게는 만족할 만한 수익을 주지 못합니다. 즉, 향후 가치 창출 능력이 매우 낮다는 의미입니다. 방금 말했던 것처럼 주가에는 미래에 예측되는 수익이 반영됩니다. 수익이 낮으면 투자자들은 당연히 주식을 사지 않겠지요.

다른 예를 들어 볼게요. 순자산 200억 원에 연중 이익이 2천만 원인데 자산수익률이 1%밖에 되지 않는 기업이 있습니다. 은행 예금보다 훨씬 낮은 수준입니다. 그렇다면 200억 원을 내고 이 기업을 인수하려는 사람이 있을까요? 200억 원이 있다면 은행에 넣어 놓고 예금 이자를 받는 게 훨씬 나을 거예요. 200억 원보다 훨씬 낮은 가격에 팔아넘기지 않는 이상 인수는 큰 매력이 없습니다.

때로는 전체 업계의 주가순자산비율이 내려가는 경우도 있습니다. 심지어 단체로 1 정도까지 떨어지는 상황도 벌어집니다. 이것은 그 업계가 이미 극도의 성숙기를 넘어 쇠퇴의 길로 접어들었다는 것을 의미합니다. 투자자들은 해당 업계의 장기적인 '쇠락'을 보고 더는 눈길을 주지 않습니다.

사실 부동산 업계의 상장 기업은 현재 주가순자산비율이 매우 낮은 편입니다. 모 부동산 기업은 비록 과거의 순자산 수익률이 최대 20%를 넘어선 적도 있었지만 2021년 5월 주가순자산비율이 1.3배까지 떨어졌습니다. 또 다른 부동산 거대 기업의 주가순자산비율도 1배까지 떨어지는 일이 벌어졌습니다. 거대 부동산 기업이 이런 수준이면 중소기업은 말할 것도 없습니다.

예전에는 호황을 누리던 산업이 왜 이런 길을 걷게 되었을까요? 심지어 부동산 가격은 지금도 여전히 오르는 중인데 말입니다. 정부가 부동산 규제 정책을 발표한 이후 부동산 운영 논리가 완전히 바뀌었기 때문입니다. 토지 집중 공급에 대한 새로운 규제로 토지를 취득하기 위한 경쟁이 더욱 치열해졌습니다. 그런데 주택 판매 가격 상한제로 인해 부동산 기업의 이윤이 축소되었고 심지어 자금 조달이 제대로 이뤄지지 않는 상황에서 적자가 나오기 시작했습니다. 시장 가치가 순자산 가치보다 낮아지는 이유입니다.

사연에서 실적이 우수한 기업의 주가가 왜 떨어지냐고 물었지요. 사실 주의해서 본 사람은 기업의 실적이 주가와 밀접한 연관이 있긴 하지만 실적이 좋다고 주가가 오르거나 실적이 나쁘다고 주가가 떨어지는 건 아니라는 사실을 발견했을 겁니다. 왜 그럴까요?

방금 살펴본 것처럼 주가에는 시장이 해당 기업에 관해 확보한 정보와 향후의 예측이 종합적으로 반영되기 때문입니다. 다시 말해 주식 투자자들이 투자를 진행할 때는 향후 실적에 대한 예측과 기대가 있는 상태이며 이 예측을 주가에 포함시키는 것이죠.

성장형 기업의 경우 초반에 투자자들의 기대가 높기 때문에 초반에 '눈부신' 실적을 발표한다고 해도 실제로는 그 기대만큼 '눈부시지' 못할 때가 있습니다. 그러한 이유로 주가가 하락하게 됩니다.

이렇게 보면 주가의 등락은 한 기업의 현재와 미래에 대한 각종 정보를 종합적으로 판단한 것이 반영된 결과입니다.

기업의 경영 실적 예측은 언제나 변한다

우량주라고 해도 주가가 대폭 상승하거나 하락할 때가 있습니다. 때로는 하루 사이에 무려 10%의 등락폭을 보이기도 하지요. 왜 그럴까요?

방금 말했던 것처럼 주가는 한 기업의 현재와 미래에 대한 정보를 종합적으로 반영한 결과입니다. 특히 해당 기업의 미래 경영 실적에 대한 예측이 반영되어 있지요. 일단 정보에 변화가 생기면 시장이 해당 기업의 미래 실적에 대해 내리는 판단에 거대한 변화가 발생하고, 그것은 고스란히 주가에 반영됩니다. 그렇다면 어떤 정보들이 기업의 미래 실적 예측에 영향을 줄까요?

여기에는 거시적 측면과 기업의 미시적 측면의 요소가 있습니다. 먼저 거시적 측면의 요소는 경제 상황, 국제 혹은 국내 산업 환경, 국가 정책 등의 변화 등입니다. 이러한 요소는 향후 기업 발전에 엄청난 영향을 미칩니다.

예를 들어 국가에서 신에너지 기업을 지원하는 정책을 발표했습니다. 이는 신에너지 관련 기업이 향후 빠른 속도로 발전할 것이며 국가로부터 각종 보조금과 지원 혜택을 받을 수 있다는 의미입니다. 원래 시장 전망에서 어떤 기업이 매년 10만 대의 자동차를 판매할 것으로 예상되었다면, 새로운 정책에 따라 매년 20만 대 이상을 판매할 수 있을 것입니다. 이렇게 되면 회사의 주가가 급등할 것 같지 않나요?

국가 정책이 기업 주가에 미치는 영향은 이해하기 쉽습니다. 그런데 사실 주식 시장에 가장 직접적인 영향을 주는 것은 금리입니다. 이걸 이해하려면 조금 복잡한 부분을 공부해야 하지만 요점만 간단히 설명할게요.

금리, 즉 금융 상품의 수익률을 말합니다. 이는 우리가 어떤 금융 상품에 투자했을 때 예측되는, 혹은 실제로 수령하는 수익률입니다. 은행에 만 원을 예금했는데 1년 뒤에 1만 400원이 된다면 금리는 4%입니다.

금리는 포괄적인 개념입니다. 여기에서 말하는 금리는 은행의 예금금리 수익 말고도 채권, 주식 투자 등 각종 금융 상품의 수익률을 포함합니다. 물론 상품별로 수익률은 다릅니다. 그럼 왜 어떤 건 금리가 높고 어떤 건 낮을까요? 그건 리스크가 다르기 때문입니다. 부담해야 할 위험이 클수록 금리, 즉 수익률도 높아집니다.

금리의 높고 낮음은 어떻게 정하는 걸까요?

어떤 금융 상품에 투자를 한다면 그 위험 정도에 따라 최저의 수익을 예측합니다. 가령 현금을 은행에 예금하면 2%의 수익이 돌아오는데 어떤 회사의 채권을 매입하면 5%의 수익이 보장됩니다. 이러한 예측을 '요구수익률Required return of rate'이라고 합니다. 어떤 종목에 투자했을 때 필수적으로 도달해야 하는 수익률을 말하는데 투자의 위험도에 따라 최저 수익률을 계산합니다.

금융 상품에 투자하려면 금리는 요구수익률에 반드시 도달해야 합니다. 그래야 투자하고 싶은 마음이 생기지요. 그래서 금리 수준은 투자에 대한 요구수익률에 따라 결정됩니다.

그렇다면 투자의 요구수익률은 어떻게 정할까요? 일반적으로 미국의 10년물 국채 수익률이 반영된 '무위험 수익률Risk free rate of return'을 기준으로 계산합니다. 이는 어떤 위험도 부담하지 않은 상태에서 얻을 수 있는 투자 수익입니다. 그다음 다시 투자 위험 등급에 따라 위험수익률을 계산하고 이 둘을 합쳐서 투자의 요구수익률을 도출합니다.

예를 들어 기업 채권 금리는 왜 은행 예금보다 높을까요?

그것은 기업 채권의 요구수익률이 은행 예금에 비해 높기 때문입니다. 기업 채권은 회수가 불가능할 수 있지만 은행 예금은 보통 그렇지 않습니다. 그래서 기업 채권의 위험이 은행 예금보다 훨씬 높습니다. 위험이 높으니까 기업 채권에 더 높은 요구수익률을 요구하는 것이죠. 이것이 기업 채권의 금리가 보통 은행 예금보다 높은 이유입니다.

금리를 이해했다면 이어서 금리와 주식이 왜 '부적 상관^{Negative} correlation'의 관계를 가지는지 알아볼게요. 금리가 높아질수록 주가는 왜 떨어질까요?

이것은 '자산 가격 결정 모형'과 관련이 있습니다.

금리와 주식의 관계

'자산 가격 결정 모형'은 투자 대상인 자산(보통 투자 종목이나 회사를 지칭함)의 가격을 결정하는 데 도움을 주는 공식입니다. 정해진 가격은 주가의 기초가 됩니다.

앞서 말했듯이 주가는 기업의 예측 실적에 따라 향후 가능한 모든 이익을 현재 가치로 환산한 것이며 이것이 바로 자산 가격 결정 모형의 핵심입니다.

물론 자산 가격 결정 모형을 말하자면 복잡한 부분이 있습니다. 특히 장래 모든 가능한 실적과 이윤을 계산하는 과정이 굉장히 복잡하고 주관적인 요소가 다분합니다. 그래서 현재 확보한 모든 정보를 기준으로 계산하고 추산할 필요가 있습니다.

모든 미래의 수익을 현재의 가치로 환산하는 것을 '할인^{Discount}'이라고 합니다. 경제학을 좀 배워 본 사람들은 한 번쯤 들어봤을 겁니다. '할인율^{Discount rate}'은 요구수익률에 따라 결정됩니다. 요구수익률이 높을수록 할인된 가치는 낮아집니다. 우리가 투자하는 모 기업 혹은 투자 종목에 요구하는 요구수익률은 기준금리와 리스크를 더해 산출해 냅니다. 이는 자본의 가격 결정과 밀접한 연관이 있으며 자산의 최종 가격 결정과는 상반되는 관계입니다.

어떤 투자든 자신이 기대하는 요구수익률이 있습니다. 다음의 사례를 통해 요구수익률이 자산 가격 결정에 어떻게 영향을 미치는지 알아보겠습니다.

100달러를 가지고 은행에 가서 예금을 했습니다. 은행에서는 1년 고정금리가 4%라고 알려 주었습니다. 1년 뒤에 현금화하면 104달러를 가져갈 수 있습니다. 우리가 기대했던 수익률 4%와 맞아떨어집니다.

은행에 이 돈을 맡긴 이유는 이 예금의 수익률이 4%로 이 돈에 대한 기대수익에 부합했기 때문입니다.

만일 은행에서 100달러를 저금하면 1년 뒤 102달러를 찾아갈 수 있다고 한다면 어떨까요? 그러면 저금하지 않을 겁니다. 100원에 대한 1년 뒤의 예상 수익은 104달러인데 102달러만 준다니, 동의하지 않는 거죠.

그럼 은행에서 묻습니다. "1년 뒤에 드릴 수 있는 돈은 102달러입니다. 그러면 지금 얼마를 예금한다면 동의하시겠어요?"

이제 계산에 들어갑니다. 102원에서 내가 생각하는 104%의 수익을 빼면 98.08달러가 나옵니다. 지금 98.08달러를 저금했는데 은행이 1년 뒤에 102달러를 준다면 괜찮은 제안이라고 생각합니다. 은행의 1년 예금에 대한 4%의 수익률 요구에 부합하기 때문이죠.

이를 통해 우리는 기대수익률, 곧 요구수익률이 필요할 때 예상되는 미래 수익을 알려 주면 지금 얼마를 투자해야 하는지 계산할 수 있습니다. 다시 말해 나의 요구수익률에 따라 향후의 확정 수익을 현재의 가치로 환산해서 얼마가 필요한지 계산해 낼 수 있습니다.

예를 들어 요구수익률을 4%로 계산하면 1년 뒤의 104달러는 현재의 가치로 보았을 때 100달러입니다. 1년 뒤 102달러는 현재의 가치로는 98.08달러에 해당합니다. 이것이 바로 '현재 가치^{Present value}'입니다.

이 논리를 투자에 적용하면 똑같습니다. 어떤 종목을 투자할 때 지금 얼마를 투자해야 합리적인지 계산하려면 장래의 수익을 환산한 가치가 얼마인지 따져 보면 됩니다. 예를 들어 지금 어떤 디바이스를 사려고 합니다. 이 기기는 1년 정도 사용할 수 있으며 1년 뒤에는 100달러 정도의 수익이 발생합니다. 그럼 이 기기를 사는 데 얼마를 지불할 수 있을까요?

답을 얻으려면 이 기기에 기대하는 요구수익률이 얼마인지를 보면 됩니다. 만약 10%의 요구수익률을 기대한다면 투자할 수 있는 금액은 100/110%=90.9달러입니다. 오늘 90.9달러를 투자해서 1년 뒤 100달러를 받을 수 있다면 수익은 9.1달러이므로 기대했던 10%의 수익률에 부합합니다. 만일 90.9달러 이상을 낸다면 수익은 설정한 요구수익률 10%에 도달하지 못하므로 투자를 그만둡니다.

그렇다면 만일 이 종목에 기대하는 요구수익률이 20%면 어떨까요? 그럼 투자하고자 하는 금액은 100/120%=83.33달러가 됩니다.

결국 수익이 확정된 상황에서는 우리의 예상 수익이 높을수록 해당 종목을 인정하는 가치는 줄어든다는 것을 알 수 있습니다. 이것이 바로 '반작용'입니다.

최종적으로 이 물건은 어떻게 가격을 결정할까요? 수요와 공급, 양측에 의해 결정됩니다. 시장에는 이 물건을 공급하는 공급자가 있고 그것을 필요로 하는 수요자가 있습니다. 최종적으로 하나의 균형점을 찾아 시장이 인정하는 자산 가격을 결정합니다. 하지만 어떻든 간에 가격은 사람들이 기대하는 수익률과는 '부적 상관'의 관계를 형성합니다. 요구수익률이 높을수록 가격은 낮아지고 요구수익률이 낮을수록 가격은 높아집니다.

그렇다면 이제 요구수익률은 어떻게 정해지는지 알아봅시다.

어떤 종목에 투자할 때 "수익률은 반드시 10%가 되어야 한다."고 요구하는 이유는 무엇일까요? 방금 살펴봤던 것처럼 이는 리스크와 상관 있습니다. 리스크가 크면 기대하는 요구수익률도 커지고 리스크가 적으면 요구수익률도 그만큼 줄어듭니다.

그렇다면 위험과 요구수익률을 어떻게 연계시켜야 할까요? 사람들이 보통 공인하는 방식은 미국의 10년물 국채 수익률을 하나의 무위험 기준으로 삼은 다음 투자의 위험도에 따라 리스크의 요구수익률을 계산해 냅니다. 그런 다음 두 결과를 합쳐서 투자의 요구수익률을 도출하지요.

그렇다면 2021년 설 연휴가 지나면서 전체적인 글로벌 시장의 과학기술 종목이 큰 폭으로 하락한 이유를 이해할 수 있습니다.

전 세계는 보편적으로 달러가 금리를 올릴 것이라고 예상했습니다. 그래서 미국 10년물 국채 수익률도 덩달아 상승했지요. 국채 수익률이 상승하면 시장에서 원래 주식을 매입하려던 자금이 채권 쪽으로 넘어가기 때문에 간접적으로 주식 시장의 유동성을 떨어뜨려 시장 가치가 하락합니다. 조금 더 직접적으로 나타나는 결과는 기준 수익률이 올라갔기 때문에 각각의 위험 등급별 투자가 늘어나 사람들의 요구수익률도 덩달아 상승합니다. 요구수익률은 올라갔지만 기업이 예상하는 장래 수익은 변함이 없기 때문에 할인된 현재의 시가는 큰 가치가 없습니다.

그런데 과학기술주가 특히나 큰 폭으로 하락했던 이유는 과학기술

주는 성장성이 큰 종목이기 때문에 향후에 빠른 속도로 증가할 거라는 기대 탓에 기대 수익 또한 매우 높기 때문입니다. 특히 향후 기대 수입이 비교적 오랜 시간 뒤에 발생하는데 2년 뒤의 만 원을 현재의 가치로 환산하면 1년 뒤의 만 원보다 훨씬 그 가치가 떨어집니다. 일단 할인에 사용한 요구수익률이 높아지면 시장 가치의 손실이 더욱 심각하게 나타납니다.

이는 기준금리가 움직이면 일반적인 자산에는 그에 상응하는 '부적 효과'가 나타난다는 의미입니다. 성장형 과학기술 기업에는 이러한 부적 효과가 더욱 심하게 나타납니다. 해당 기업의 수익이 주로 먼 미래의 시기에 오기 때문인데 이 시기의 수익을 현재의 가치로 환산한 금리가 높을수록 손실은 더 심해집니다. 여기에는 배수 효과가 작용합니다.

이것이 바로 거시경제 시장이 주식에 미치는 영향입니다. 물론 금리는 그중 아주 일부에 불과합니다. 한 국가의 거시 정책, 국가 간의 관계, 무역 관세, 불가피한 사건 등이 모두 향후 기업의 발전을 예측하고 평가하는 데 영향을 주지요. 이 과정이 바로 주가가 조정되는 과정입니다. 주가에는 '현재'도 포함되지만 더 중요한 건 시장이 이 회사의 미래에 대해 내리는 모든 판단입니다.

거시적 요소 말고 미시적 영향도 존재합니다. 라이벌 기업과의 관계, 기업의 자체적인 발전 현황 등이 모두 기업의 가치 판단에 영향을 줍니다. 만약 기업에 관한 부정적인 뉴스가 보도되었거나 예상 밖의 사건이 발생하는 경우, 대주주 한 사람에게 발생한 문제일지라도 주가에 엄청난 변동을 가져옵니다. 왜냐하면 이는 기업에 대한 투자자의 신뢰와 장기적 발전에 대한 기대에 직접적인 영향을 주기 때문입니다.

그러니 주가가 오르락내리락하는 것은 기업의 현재 실적만 반영한 결과가 아닙니다. 그래서 기업의 실적만, 성장 추이만 봐서는 그 회사의 주가가 왜 변하는지를 완전히 다 설명하기 어렵습니다. 전체적인 거시 형세의 변화를 종합적으로 살펴봐야 하지요. 기업이 처한 거시 환경의 변화와 기업 자체가 창출하는 가치 능력의 변화, 시장 참여자의 심리적 변화 등을 종합해야만 한 기업의 주가 변화 이유를 알 수 있습니다.

이제 막 투장에 발을 디뎠다면 열린 마음으로 투자의 기본 지식을 계속 배워 나갔으면 합니다. 한 번의 주가 변동으로 위축되거나 영향을 받지 않길 바랍니다. 장기적으로 보면 기업의 주가는 경영과 밀접한 연관이 있습니다. 전체적인 환경이 좋을 때는 모든 회사의 주가가 다 올라갑니다. 하지만 진짜 좋은 회사는 모진 풍파를 견뎌 내고 주주들을 위해 안정적이고 장기적인 가치를 창출합니다.

CHAPTER 12

주식을 팔아야 할 때는 언제인가?

주식의 매매

결국 장기투자와 단기투자 중
무엇을 선택할지의 문제다

주식이 하락할 때마다 저는 '일단 반등하면 바로 손을 떼자.'라고 생각하지만 막상 반등하면 '혹시 더 기다리면 더 오르는 거 아닐까.' 하는 기대로 하루 이틀을 버팁니다. 그러다 보면 또다시 떨어집니다. 이렇게 등락을 반복하는데 대체 주식은 언제 매도하는 게 좋을까요? 그리고 수익을 낸 주식은 먼저 현금화하고 나머지 손해 본 것들은 반등할 때까지 기다리는 게 좋을까요? 아니면 손해 본 주식을 먼저 처분하고 돈 버는 주식은 남겨 두는 게 좋을까요?

장기투자인지 단기투자인지부터 결정하라

주가가 오르고 내리는 것은 아주 정상적입니다. 하지만 이제 막 주식 시장에 발을 디딘 '주린이'들에게는 힘들게 벌어들인 돈을 한순간에 날릴 경우 억울함을 금할 길이 없습니다.

아마 지금도 많은 '주린이'들이 밤잠을 설치고 업무에 집중하지 못할 거예요. 남아 있는 주식을 팔고 깨끗하게 떠나야 하는지, 아니면 다시 오를 그날을 기다려야 하는지 고민하고 있을 겁니다.

이 문제는 장기투자와 단기투자 중 어떤 길로 갈지부터 논의해 봐야 합니다. 장기투자는 모 주식의 향후 전망을 밝게 예측하고 주식의 등락에 큰 영향을 받지 않습니다. 해당 주식의 주가가 상대적으로 낮은 시기에 매입해 장기투자를 위해 준비합니다. 일반적으로 1년 이상을 장기투자로 간주합니다.

단기투자는 투자자가 주식의 기본 상황에는 관심이 없고 단기 차익을 얻으려는 생각으로 주로 기술그래프 분석에 의지해 투자하는 것을 말합니다. 일반 투자자의 단기투자는 보통 1~2주 내외를 가리키며 심한 경우 2~3일로 제한하기도 합니다. 차익이 없거나 주가가 하락하면 다른 주식을 사기 위해 과감하게 매각합니다.

장기투자의 수익은 어디서 나올까요? 주가 가치의 상승에서 비롯합니다. 따라서 우수한 회사를 골라 회사의 가치가 상승하면 주가역시 올라가기 때문에 장기투자가 경제학의 기본 이념에 더 부합합니다.

단기투자의 수익은 단기에 나타나는 주가의 변동에서 비롯합니다. 저가에 매입해 고가에 매도해서 발생하는 차액은 주식 자체의 가치 성장이 아닌 거래 상대방에게서 나옵니다. 낮은 가격에 파는 사람이 있어야만 매입이 가능하고, 높은 가격에 사는 사람이 있어야만 매도가 가능하지요. 엄밀히 말하자면 이 차액은 다른 사람이 손해 본 돈을 가져오는 것입니다.

이것이 장기투자와 단기투자의 차이입니다. 워런 버핏이 말한 것처럼 '시장은 단기적으로는 투표 기계이며 장기적으로는 저울'*입니다. 장기투자의 돈은 시장 규모의 확대와 기업 발전의 성과를 모든 주주에게 공유하는 것이므로 일종의 '윈윈'입니다. 단기투자의 돈은 다른 사람이 손해 본 것을 가져오는, 일종의 시장 게임입니다. 1원을 벌 때마다 누군가는 1원을 손해 보는 구조이기 때문에 한쪽만 이익을 보는 싸움입니다. 두 노선은 돈의 출처가 다르기 때문에 운용 방식도 다릅니다. 예를 들어 볼게요.

A 회사가 있습니다. 2020년 1월 1일에 주가가 1만 원이었는데 2021년 1월 1일이 되자 1년 만에 3만 원까지 올랐습니다. 그럼 장기

• '시장은 단기적으로는 투표기계, 장기적으로는 저울': '오마하의 현인'이라 불리는 워런 버핏은 주식 시장에서 주가가 오르는 주식은 단기적으로 인기가 있는 주식이어서 여러 사람에게 인기가 있는 것이 무엇인지 보여 준다는 점에서 투표 기계에 비유했고, 기업의 내재 가치와 관련이 있기 때문에 장기적으로 주가가 상승한다는 점에서 이를 저울에 비유했다.

투자자들은 얼마를 벌었을까요? 1만 원에서 3만 원이 되었으니 2만 원을 벌었습니다. 계속 주식을 보유하고 있었기 때문에 보유 과정에서 어떤 매도도 일어나지 않았습니다. 그러므로 2만 원을 벌어들인 것입니다.

그런데 사실 1년 동안 A사의 주식이 일정하게 선형적으로 성장하진 않습니다. 중간중간 등락을 반복합니다. 이 등락의 과정에 단기 투자자들에게 기회가 생깁니다.

단기 투자자가 노리를 효과는 무엇일까요? 등락의 과정에서 가격이 최저점을 찍을 때 매입해 최고점에 도달하면 매도하는 것이지요. 그들이 버는 돈은 바로 이 저점과 고점 사이의 차액입니다. 그림에서 볼 수 있듯, 첫 번째 등락 구간의 경우 최저점인 1만 원에 사들였다가 최고점인 1만 5천 원에 팔면 차액은 5천 원입니다. 첫 번째 등락 구간에서 5천 원을 벌었습니다.

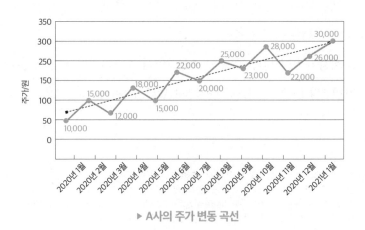

▶ A사의 주가 변동 곡선

세상에서 가장 친절한 경제학

A사의 1년 동안의 등락 곡선 가운에 모든 저점과 고점 사이의 차액을 합치면 얼마일까요? 5천 원(15,000-10,000), 6천 원(18,000-12,000), 7천 원(22,000-15,000), 5천 원(25,000-2,0000), 5천 원(28,000-23,000), 8천 원(30,000-22,000)을 모두 합치면 3만 6천 원입니다.

1년 동안 A사의 단기투자를 택한 투자자가 완벽하게 '곡선'을 밟아 최저점에서 매입해 최고점에서 매도해 얻은 수익은 총 3만 6천 원입니다. 장기투자의 2만 원보다 훨씬 높다는 것을 알 수 있습니다.

이렇게 생각하면 단기투자가 장기투자보다 수익이 훨씬 높아 보입니다. 하지만 방금 얘기했던 것처럼 단기 운용으로 얻는 수익은 회사의 주가 성장에서 오는 것이 아니라 거래 상대방에서 비롯한 돈입니다. 다시 말해 완벽하게 곡선 그래프를 따라 최저점에서 매입해 최고점에서 팔고 싶다면 시장에서 완벽하게 최저점에서 팔아 최고점에서 사들이는 사람이 있어야 합니다. 왜냐하면 모든 단기 투자자의 총수익은 남들이 손해 본 돈에서 나오기 때문입니다. 가령 3만 원을 벌면 반드시 3만 원을 손해 보는 사람이 있어야 합니다.

그런데 모든 최저점, 모든 최고점을 완벽하게 밟을 수 있을까요?

기본적으로 불가능합니다. 특히 '주린이'들에게는 더 어려운 일이지요. 그렇다면 중간치를 산출해 내야 합니다. 확률은 반반입니다. 성공할 확률 50%, 실패할 확률 50%입니다. 이렇게 평균을 내면 수익도 손해도 없습니다.

다시 말해 단기투자를 택한 사람들은 전체 시장에서 평균적으로 수익이 사실상 '0'입니다. 전체 수익이 '0'인 상황에서는 마지막에 누가 이 50%의 확률을 가져가느냐에 따라 승패가 갈리는데 이 돈은 결국 다른 사람의 손에서 빼앗은 돈입니다.

누가 단기투자를 원하는가?

그럼 이제 단기투자를 취하는 사람들은 누구인지 알아볼게요. 단기 투자자들이 하는 방식을 '초단타매매High frequency trading'라고 합니다. 컴퓨터로 빠르게 주문을 수천 번 반복하는 알고리즘 매매 방식으로 감정도 인간미도 전혀 없습니다. 그렇다면 주로 무엇을 하며 돈을 벌어들일까요?

첫째, 시장의 정보입니다.

그들은 시장에 어떠한 변동이 나타나기 전, 최대한 정보를 장악하고 대비합니다. 예를 들어 사건의 내막을 파악해 그것이 주식 시장에 격렬한 파동을 몰고 올 거라 예상하고 사전에 준비합니다.

둘째, 조작 속도입니다.

최대한 관련 정보를 빨리 알아내 고성능 컴퓨터로 조작하여 사람들은 이용할 수 없는 극히 짧은 시간에 이익을 취합니다. 특히 시장에 격동을 초래하는 돌발 사건이 발생했을 때 수 초 내로 반응합니다.

셋째, 기관의 투자자나 큰손 투자자들입니다.

그들은 단기간에 시장에 파급력을 가져올 수 있는 존재들입니다. 대표적인 것이 공매도 기관입니다. 그들은 시장을 조작하고 영향력을 발휘해 거기서 이익을 취합니다.

당신은 어떤 유형에 속하나요? 만일 이 세 부류에 속하지 않는다면 단기투자에서 성공률은 50%를 넘지 않을 겁니다. 그래서 일반적인 '주린이'들에게 단기투자를 통해 돈을 번다는 건 사실상 살을 에는 아픔과도 같습니다. 그런데도 매입 후 상승세가 보일 때 바로 매도해 수익을 챙기는 일부 '주린이'들이 실제로 있습니다. 어떻게 된 일일까요?

실제로 그들이 번 돈은 단기투자 수익이라고 할 수 없습니다. 왜냐하면 주식의 시장 가치도 계속 성장하고 있기 때문에 이 과정에서 일부 가치의 상승으로 인한 장기투자의 수익을 공유하기 때문입니다.

예를 들어 볼게요. 2020년 1년 동안 단기투자를 하던 '주린이' 김씨가 A사 주식으로 100%를 벌었습니다. 그런데 사실 A사의 시가는 200% 성장했습니다. 단기투자로 벌어들인 수익이 100%였으니 오히려 수익은 줄어들었습니다. 단기투자 거래로 돈을 버는 것 같아도 사실상 그것은 전체 시장 가치 성장으로 인한 결과일 뿐 실질적으로는 손해를 본다는 뜻입니다.

단기투자를 절대 하면 안 된다는 게 아닙니다. 이상적인 상황이라면 단기투자로 큰돈을 벌 수 있습니다.

하지만 단기투자에는 비교적 엄격한 조건이 적용됩니다. 개인이 아닌 대형 기관이나 금융기관이 단기투자 운영을 하는 이유도 여기에 있습니다. 그들은 강력한 IT 기술을 지녔고 초단타 소프트웨어를 바탕으로 최고 사양의 컴퓨터를 이용해 가장 빠른 시간에 반응을 보입니다. 아울러 관련 분야에 최고의 엘리트로 구성된 전문가 집단을 보유하고 있습니다.

월스트리트에는 세계에서 가장 똑똑한 사람들이 모여 있습니다. 그들은 각종 정세와 동향을 파악하고 다양한 거래 모델을 만들어 가장 빠른 시간 안에 반응합니다. 아울러 자신의 막강한 자금으로 시장의 변화를 유도합니다. 그래서 이러한 사람들이 단기투자에서 돈을 벌어갑니다. 우리 같은 일반 투자자, 특히 '주린이'들에게는 성실하게 장기투자를 밟는 게 훨씬 더 값진 투자입니다.

장기투자를 잘하는 법

주식 시장의 흔들림에서 일반적으로 두 가지 대처 방법이 있습니다. 먼저 주식의 추세를 예측합니다. 전체적으로 보면 주식의 등락은 사전에 반드시 '조짐'이 나타납니다. 금리 혹은 환율 변동이나 국가의 거시 정책의 변화, 특정 산업의 변화 등이 나타나며 수많은 애널리스트의 예측이 쏟아집니다. 그래서 많은 '주린이'들이 K-라인과 같은 데이터에 열중합니다. 심지어 때로는 전체 주식 시장의 추이를 예측한 게 어쩌다 맞아떨어지기도 하지요. 이는 단기 예측에 대한 그들의 자신감을 부추깁니다.

하지만 이러한 정보를 판단할 때는 성공 가능성이 생각만큼 높지 않다는 사실을 알아야 합니다. 먼저 그것은 큰 추이에 대한 예측일 뿐, 구체적이고 세부적인 예측이 아닙니다. 또 무의식중에 '실증 편향'이 생겨 스스로 예측 정확도가 높다는 착각을 하게 됩니다. 마지막으로 많은 경우 스스로의 예측이 매우 성공적이라고 생각하지만 그건 정말 '황소가 뒷걸음질 치다가 개구리 밟은 격'에 지나지 않습니다.

단기간에 주식 시장을 예측하는 것이 왜 어려울까요? 개별 주식을 포함한 모든 주식은 장기추세를 보고 판단해야 합니다. 단기 추세는 군중심리에 따른 것이 많습니다. 시장에 참여한 사람들이 어떤 정보를 듣고 거기에 반응을 보인 것이 단기간에 시장과 개별 주식에 이상 동향을 만들어 낸 것입니다.

군중심리를 정확히 판단할 수 있는 정확한 이론이나 법칙은 아직까지 없습니다. SF 소설이나 영화에서나 가능한 이야기입니다. 아이작 아시모프의 『파운데이션과 제국』에는 1만 년 뒤에 심리사학이 발전해 군중의 심리와 반응을 예측할 수 있다는 설정이 등장합니다. 하지만 그 결과는 소수만이 장악해 불공평하게 사용됩니다. 군중이 일단 사전에 그 결과를 알게 되면 거기에 따라 한층 격화된 반응을 보여 사전의 예측이 아무런 소용이 없어지기 때문입니다.

결국 사전 예측을 통해 주식 시장의 추이를 분석하고 위험을 피해가려는 생각은 특정 확률에서만 가능하다는 걸 알 수 있습니다. 그래서 투자 기관이나 대형 투자자들은 일반적으로 두 번째 방식을 취합니다. 즉, 단기 추이에 대한 파악이나 예측을 포기하고 '득실'에 연연하지 않는 것입니다. 그보다는 거시 정책이 가져오는 장기 변화에 주목하고 투자 포트폴리오를 개선해 장기적이면서 전면적인 수익을 실현합니다. 이것이 바로 우리가 말하는 '가치투자'입니다.

주식 시장에는 "단기투자는 은메달, 장기투자 금메달"이라는 말이 있습니다. 가치투자를 잘 설명한 표현이죠. 그런데 장기투자는 겉으로는 간단해 보여도 사실은 그렇지 않습니다.

한 주식을 몇 년 동안 가지고 있다는 건 주식 시장에 일어나는 여러 변동과 파동을 겪어 내야 한다는 뜻입니다. 단기적으로 보면 수많은 손해 앞에 직면하기도 합니다. 장기투자를 선택했는데 1년 중에 11개월은 손해를 보다가 마지막 달에 겨우 수익을 회복할 수도 있습니다. 그런데 만일 장기투자에 대한 이해와 인내심이 없다면 마지막 한 달을 이겨 내기 힘듭니다.

"장기적으로 효과적인 방법은 단기적으로는 실패합니다. 상장회사에 투자할 때 주가가 오를 거라고 믿으면 돈을 벌기 어렵습니다. 주가는 반드시 내려갈 때가 옵니다. 투자자들이 무슨 방법을 쓰든 실적이 떨어지는 시기는 반드시 오기 마련입니다."

유명 펀드매니저 장쿤張坤의 말입니다.

그래서 장기투자는 실적의 단기 파동을 묵묵히 견뎌 내야 합니다. 아울러 단기적 파동을 잘 이용해 시장이 저평가되었을 때 '입장'할 수 있습니다.

시장이 저평가되었을 때 입장하지 않으면 높은 수익을 실현할 수 없습니다. 버핏이 즐겨 하는 일 중의 하나가 시장이 저평가되었을 때 적극적으로 들어가 저가로 매수하는 것입니다. 저가로 매수한 뒤에 몇 년을 기다리다 보면 시장은 비이성적인 상태에서 돌연 회복세로 돌아섭니다.

엄밀히 말하면 장기투자는 단기투자보다 훨씬 더 힘들고 어렵습니다. 장기투자는 큰 추이를 봐야 하고 시장에 대한 본질적인 이해가 있어야 하기 때문입니다.

그래서 장기투자를 하고 싶다면, 시장이 하락세를 보일 때 시작하고 싶다면 먼저 장쿤이 했던 "영혼의 3가지 질문"에 답할 수 있어야 합니다.

- 나는 이 회사가 추구하는 이념을 신뢰하는가?

- 나는 장기투자를 신뢰하는가?

- 만일 주식 시장이 3년 동안 폐쇄되어 거래가 일어나지 않는다고 해도 여전히 이 회사 주식을 사겠는가?

이 세 질문에 "그렇다"라고 대답할 수 있어야만 해당 기업의 장기 투자를 시작할 수 있습니다. 그리고 일단 주식을 샀다면 이제 장기적으로 포기하지 말고 보유해야 합니다.

얼마 전, 인터넷을 뜨겁게 달군 뉴스가 하나 있었습니다. 한 택시 기사가 20년간 돈이 생길 때마다 삼성전자 주식을 샀는데 지금은 어마어마한 자산가가 된 사연이었습니다. 이것이야말로 가치투자의 승리라고 할 수 있겠죠. 가격의 등락으로 인한 유혹을 이겨 내면 최종적으로 거대한 승리를 맛볼 수 있다는 걸 잘 보여 준 사례입니다.

누군가는 주식을 사놓고 '까맣게 잊어버리고' 있다가 10년이 지나 매도해 100배의 수익을 낸 사례도 있습니다. 물론 까맣게 잊어버리기가 쉽지는 않기에 보통 사람들이 따라 하기 어려운 사례이기는 합니다. 하지만 이는 A주 시장에 100배 돈을 버는 공식이 존재한다는 것을 암시합니다.

1% 확률의 운 + 10년 이상의 시간 = 100배 수익

이 3가지 요소 가운데 1% 확률의 운은 다른 사람도 모두 가지고 있습니다. 차이는 10년이라는 시간에서 나옵니다. 사실 주식 시장에 발을 들인 시간이 채 10년이 안 되는 사람들이 많습니다. 시종일관 수익이 없는 이유는 끝까지 참지 못하고 유혹이 올 때마다 이리저리 휘둘리기 때문입니다. 설령 마음속으로는 장기주의를 내세우는 사람일지라도 그걸 실제로 실천해야만 최종 100배의 수익을 가져갈 수 있습니다.

그래서 '주린이'들에게 가장 좋은 주식 투자 방식은 다음과 같습니다. 먼저 현재 실적이 우수하고 잠재력 있는 기업을 몇 개 골라 냅니다. 그런 다음 지금 혹은 예측할 수 있는 장래에 사회적으로 유망한 기업을 주목하고 있다가 주가가 주식의 내재가치보다 낮아졌을 때 과감하게 매입합니다. 그리고 중간에 등락이 있더라도 노심초사하지 말고 견뎌 냅니다. 회사에 근본적인 변화가 일어나지 않는 한 버텨야 합니다. 앞선 3가지 질문에 대한 대답이 변하지 않는 상황이라면 주가는 반드시 오릅니다. 시간이 당신에게 거대한 선물을 가져다줄 거예요.

우리가 할 일은 우량의 주식을 보유한 채로 묵묵히 기다리는 겁니다. 세상만사는 변합니다. 보이지 않는 것으로 노심초사하며 전전긍긍하기보다는 눈에 보이는 모든 일에 최선을 다하고 잘 먹고 잘 자고 건강하게 지내세요. 당신이 행복한 오늘을 살아 내길 바랍니다.

투자 입문자들을 위한 조언

내 상황에 맞는 투자 방향

나의 위험 부담 능력을 파악해
자신만의 포트폴리오를 만들어라

상식의 틀의 깨는 선생님의 투자 입문에 관한 이야기를 들으니 시야가 조금 넓어진 느낌입니다. 하지만 여전히 초보 투자자로서 아직도 감이 잘 오지 않습니다. 혹시 저 같은 사람들을 위해 더 쉽고 간단하게 조언해 주실 수 있을까요?

각자 상황에 따라 투자법이 달라야 한다

'투자'란 개인의 자산 정도와 위험에 대한 개인의 선호도에 근거해서 진행됩니다. 사람마다 자산의 정도가 다르고 그래서 부담할 수 있는 위험도 다르기 때문입니다. 또 위험에 대한 개인의 편향도 다르기 때문에 투자 방식도 다를 수밖에 없습니다.

예를 들어 이제 막 대학 캠퍼스를 나온 친구들의 경우, 이제 막 사회에 발을 디디고 첫 월급을 받은 사람들의 경우 자산이 많지 않고 투자 경험도 적습니다. 이론적으로 보면 위험을 부담할 수 있는 능력도 적습니다. 그런데 이들은 보통 나이 어린 젊은이들이기 때문에 당장은 가족 부양에 대한 부담이 적고 집을 구매할 필요나 능력이 없습니다. 가족들을 위한 지출이 많지 않아요. 아마 생활에 필요한 돈보다는 월급을 더 많이 받을 거예요. 이 부분의 자금을 투자에 사용한다면 오히려 높은 위험을 감당할 수 있습니다. 특히 젊은이들은 위험을 선호하는 경향이 강하기 때문에 일정 정도 손해를 본다고 해도, 심지어 50%까지 손해를 보아도 일상이 무너지거나 큰 타격을 받지 않습니다. 그래서 이런 사람들이 오히려 소액 투자에서부터 시작해 하이 리스크의 주식에도 투자할 수 있습니다.

비록 나이가 조금 더 많고 경력이 풍부하며 수입도 높은 사람들이라 할지라도, 그들이 더 높은 리스크를 감내할 수 있는 것은 아닙니다. 오히려 이 시기에는 결혼, 자녀 양육, 주택 및 자동차 구입과 같이 생활 비용이 급증하는 시기입니다. 이 단계에서는 급여 수입의 증가가 생활 비용의 증가를 따라잡지 못할 수 있으며, 심지어 약간의 여유 자금을 가지더라도 예상치 못한 큰 지출에 대비해야 합니다. 그래서 이 연령대의 샐러리맨, 화이트칼라, 골드칼라는 오히려 큰 폭의 손해를 감당할 능력이 없으므로 위험 부담 능력도 떨어집니다.

그다음 단계는 커리어가 절정에 이르는 40대입니다. 경력이 늘어나면서 그에 상응하는 보수도 받는 나이지요. 집이나 차 등의 큰 자산들은 이미 구매해 놓은 상태이며 투자용으로 부동산을 하나둘 구매해 놓은 사람들도 있습니다. 수입도 어느 정도 안정적이며 창업 등의 방식으로 자산을 대폭 확대한 사람도 있습니다. 이 시기는 자산이 풍부해진 데다가 단기에 새롭게 자산을 구매할 필요도 없고 소비성 지출도 점점 줄어들기 때문에 위험 부담 능력이 가장 높고 투자 능력도 가장 높은 단계입니다. 그래서 위험 자산을 조금 더 늘려 더 큰 수익을 실현할 수 있습니다.

하지만 직업적으로 커리어가 후반부에 접어들기 때문에 승진의 기회는 점점 줄어듭니다. 임금 수입은 안정적이지만 대폭으로 늘어나긴 힘듭니다. 이 시기에는 경제적으로 '자유'를 얻은 사람들도 있지만 대부분은 은퇴 이후의 삶을 고려하기 시작합니다. 그전까지 진행했던 투자 수익이 얼마든 간에 보수적인 경향으로 변해 가지요. 은퇴 이후에는 퇴직금 말고는 별다른 수입이 없기 때문에 편안한 삶을 영위하려면 투자 대비 수익도 장기적이고 안정적으로 유지할 수 있어야 합니다. 손해를 많이 보는 투자는 노인으로서는 감당하기 어렵기 때문이지요. 그래서 이 시기에는 '안전'을 제일 중요하게 생각합니다. 건강하고 안정적인 노년 생활을 향유하기 위함입니다.

이를 통해 우리는 인생의 단계별로 위험 부담 능력도 끊임없이 변한다는 걸 알 수 있습니다. 그래서 한 가지 조언으로 모두에게 똑같이 적용하는 건 사실상 불가능합니다. 자신의 현재 위험 부담 능력을 지속적으로 평가하는 것이 필요합니다.

물론 지금까지 얘기한 것처럼 대다수 사람의 수입은 임금에서 나오기 때문에 여유 자금이 많이 없는 편입니다. 설령 투자 수익이 있다고 해도 그 비율이나 금액이 그렇게 큰 편이 아니라서 남은 생을 전부 책임질 수 있을 만한 수준이 아닙니다. 위험 부담 능력도 특별하게 높지 않으므로 대부분이 안정적인 투자를 선호합니다. 그런 점을 감안하여 조언하고 싶은 대상은 이렇게 정리할 수 있습니다.

1) 25~40세 사이, 투자에 대한 이해도가 낮지만 강의를 듣거나 관련 서적을 읽으며 공부할 여력이 없는 사람

2) 수입이 안정적이면서 약간의 여유 자금으로 수익을 얻고 싶은 사람

3) 위험 부담 능력이 상중하 가운데 '중', 혹은 '하'에 해당하며 약간의 손해만 감당할 수 있는 사람

4) 투자 수익에 대한 기대치가 합리적인 사람(투자로 폭발적인 자산 증

가를 이루고 싶은 사람은 제외)

리스크 없는 수익은 없다

'리스크 밸런스'란 위험을 완전히 피하는 것도 아니지만 수익을 위해 리스크를 모른 척한다는 뜻도 아닙니다. 앞서 이야기했듯 리스크는 수익의 근원입니다. 위험을 부담하지 않으면 수익도 없습니다. 높은 수익을 바란다면 높은 위험은 필연적입니다.

절대적으로 위험이 존재하지 않는 수익이란 없습니다. 수익을 얻고 싶다면 반드시 상응하는 위험을 부담해야 합니다. 그러니 '리스크 밸런스'란 '무위험'이나 '고위험'을 추구하는 것이 아닌, 전체적으로 밸런스를 유지하는 일종의 보수적인 전략입니다.

수익의 안정은 리스크 밸런스를 겨냥한 말입니다. 리스크의 밸런스를 유지하는 상대적으로 보수적인 상황에서 투자 전략을 활용해 수익과 리스크가 서로 균형을 이루게 하고 심지어 높은 수익을 실현하는 것입니다. 안정이란 변동이나 굴곡이 없다는 뜻이 아니라 투자 전략을 통해 최대한 큰 변동이 없도록 통제하면서 안정적인 수익을 실현한다는 말이지요.

투자 시장은 여러 환경의 영향을 받기 때문에 변동 없이 수익을 실현할 수는 없습니다. 2008년의 금융위기는 주요 자산 가격에 영향을 주어 거대한 변동을 일으켰습니다. 특히 금융자산의 2008년 수익은 대부분 적자를 기록했지요. 변동이 아예 없을 수는 없습니다. 다만 최대한 안정을 유지하면서 큰 폭의 굴곡과 변동을 줄여 수익의 안정적인 성장을 실현해야 합니다.

당신만의 자산 포트폴리오를 만들어라

지금까지 이야기를 어느 정도 이해하고 인정한다면 이제 정식으로 자신만의 '자산 포트폴리오'를 설계해 보세요. 본인의 위험 부담 능력이 얼마나 되는지부터 계산해야 합니다. 자산 포트폴리오를 짜는 이유는 본인이 투자에 활용할 수 있는 자산이 얼마나 있는지 정확하게 알아보기 위함입니다.

'스탠더드 앤드 푸어스(S&P)'는 미국 뉴욕에 본사를 둔 세계적인 금융 분석 기관으로 미국 주식의 가장 유명한 3대 지수 중 하나로 사용됩니다. 'S&P500 지수'는 바로 이 회사가 1957년에 만들어 낸 지수입니다.

'S&P500 지수' 말고도 그들이 해낸 매우 의미 있는 성과가 하나 있습니다. 세계적으로 자산이 안정적으로 성장하는 10만 개의 가정을 대상으로 조사를 진행해 보았더니 과거 30년 동안 가계 자산이 줄곧 안정적으로 성장했다는 공통점이 있었습니다. 그래서 이 결과를 바탕으로 해당 가계의 재테크 방식을 깊이 연구한 끝에 다음과 같은 자산 관리 표를 정리했습니다. 이는 현재 가계 자산 포트폴리오를 구성할 때 가장 합리적인 방식으로 인정받고 있습니다.

'S&P의 가계 자산 관리 로드맵'은 가계 자산을 네 개의 계좌로 분류합니다. 이 네 계좌는 각각 다른 역할을 하므로 자금의 투자 채널도 서로 다릅니다. 이 네 계좌가 있어야만, 나아가 고정적이고 합리적인 비율로 분배해야만 가계 자산의 장기적이고 지속적이며 안정적인 성장을 보장할 수 있습니다.

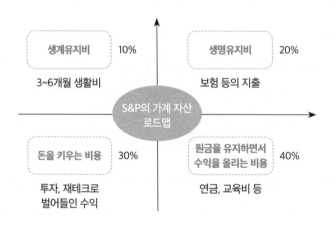

▶ S&P의 가계 자산 관리 로드맵

첫 번째 계좌는 '생계유지비'로 일상생활에 반드시 필요한 지출 계좌입니다. 일반적으로 가계 자산의 10%를 차지하며 3~6개월 치의 생활비를 포함합니다.

이 계좌는 가계의 단기 지출과 일상생활에 필요한 지출을 담당합니다. 쇼핑이나 집 대출금, 여행 등에 관한 지출이 모두 이 계좌에서 빠져나갑니다. 이 계좌는 반드시 있어야 하지만 자칫 잘못하다가는 전체 계좌 중에서 차지하는 비중이 너무 높아질 수 있습니다. 만일 여기서의 지출이 많아지면 다른 계좌의 비중을 줄여야 하는 문제가 생깁니다.

두 번째 계좌는 '생명유지비'를 담당하는 계좌로 보통 가계 자산의 20%를 차지합니다. 이 계좌는 돌발 사건으로 인한 거액의 지출, 예를 들어 사고나 중대 질병 등과 같은 일을 전담하는 계좌입니다. 이 계좌는 갑자기 발생하는 거액의 지출을 담당하기 때문에 반드시 전용 계좌로 운영해야 하며, 이로써 가족 구성원에게 뜻밖의 사고나 중대 질병이 발생했을 때 생명을 치료하고 유지하는 비용으로 활용할 수 있습니다. 그래서 대부분 생명보험이나 질병보험으로 이를 대비합니다.

이 계좌는 가계 자산 포트폴리오에서 반드시 필요합니다. 비록 평소에는 큰 역할을 하지 못하지만 중요한 시기가 되었을 때 이 계좌가 있는 한 급한 불을 끄기 위해 차나 집을 팔거나 사방에 돈을 빌리러 다니지 않아도 됩니다. 만일 이 계좌가 없다면 가계 자산은 언제든지 중대한 위험에 직면할 수 있으며 심지어 돌이킬 수 없는 손실을 입을 수도 있습니다. 그래서 '생명유지비'라고 부릅니다.

세 번째 계좌는 투자 수익 계좌로 일명 '돈이 돈을 낳는' 계좌입니다. 일반적으로 가계 자산의 30%를 차지하며 자산의 가치 증식을 위해 사용합니다. 이 계좌의 핵심은 리스크를 동반하는 투자이기 때문에 수익도 봐야 하지만 리스크도 함께 봐야 합니다. 그래서 적절한 비율을 유지하는 것이 무엇보다 중요합니다.

네 번째 계좌는 원금을 보장하면서 가치를 증식하는 장기 수익 계좌입니다. 가계 자산의 40%를 차지하며 자녀 교육비나 자신의 연금 등으로 활용합니다. 이 계좌는 보수적인 투자 성향을 보인다는 게 특징입니다. 원금을 보장하면서 인플레이션의 영향을 받지 않아야 하므로 수익은 그리 높지 않지만 장기적이며 안정적이라는 특징을 지닙니다.

이 자산 로드맵은 기본적으로 미국 중산층의 생활을 바탕으로 구성한 것으로 부분별 비율은 우리의 생활에 맞게 조정할 필요가 있습니다. 예컨대 젊은 친구들은 1번 계좌가 10%를 넘지 않는 사람도 있지만 30% 혹은 50%에 달하는 사람들도 있습니다. 그러면 3번과 4번 계좌의 비율을 그만큼 줄여야 합니다. 젊은 층의 경우 2번 계좌에 대한 수요는 20%가 채 되지 않을 겁니다.

그래서 비율은 똑같이 적용하지 않더라도 이 네 계좌 구성을 참고해 자산 포트폴리오를 짜는 것이 좋습니다.

먼저 1번 계좌를 참고해 3~6개월분의 가계 지출을 미리 준비하세요. 젊고 수입이 안정적이면 3개월분으로 준비하고 수익이 불안정하면 6개월분을 준비하는 게 좋습니다. 구체적인 비율은 자신의 상황에 맞게 조절하면 됩니다.

2번 계좌는 적절하게 확대할 수도 있습니다. '생명유지비'에서 단기간에 필요한 지출로 확장할 수 있는데 보험료 외에 차나 집과 같은 대물 지출을 포함시킬 수 있습니다. 이 지출 항목을 여기에 포함시키는 이유는 이러한 지출의 경우 유동성이 매우 강하므로 언제든지 꺼내 쓸 수 있어서 투자 자금으로 사용하기에는 적합하지 않기 때문입니다.

마지막으로 3번, 4번 계좌는 자신의 위험 부담 능력에 따라 비율을 조절할 수 있습니다. 이 두 계좌는 모두 투자형 계좌 중에서도 보수적인 성향을 띠기 때문에 굳이 두 개로 나눌 필요 없이 하나로 관리하면 됩니다. 그래서 1번과 2번 계좌를 빼고 남은 돈은 투자금으로 사용할 수 있습니다. 예를 들어 이미 가지고 있는 여유 자금이나 이후 매달 투자용으로 사용할 금액은 단기간에 급하게 쓰지 않아도 되는 돈입니다. 이런 자금은 얼마 동안 사용하지 않아도 되는지, 이후 몇 년 뒤에 얼마를 사용해야 하는지 미리 계획해 보는 게 좋습니다. 이렇게 구체적으로 출처와 기간이 정리된 자금은 투자에 사용할 수 있습니다.

투자 금액을 확정하면 그다음 단계는 자신의 위험 부담 능력을 계산해 봐야 합니다. 비록 여기에 언급된 투자는 보수적인 경향을 띤다고 했지만 '보수' 역시 구분이 필요합니다. 가장 편하게는 온라인 은행에서 제공하는 리스크 측정 시스템을 활용해 자신의 위험 부담 능력을 정확하게, 실제적으로 평가해 보길 추천합니다.

각 은행의 리스크 평가 테스트는 구체적인 내용은 조금씩 다르지만 전체적으로는 대동소이합니다. 평가 내용에는 투자자 연령, 임금 수준, 투자 경험 등이 포함되는데 점수 결과에 따라 투자자의 위험 부담 능력도 보수형, 안전형, 밸런스형, 성장형, 진취형과 같은 5가지로 나뉩니다. 보수형, 안전형, 밸런스형은 기본적으로 점수가 다소 낮은 사람들이고 성장형, 진취형은 적극적으로 위험 부담에 도전할 수 있는 사람들입니다.

CHAPTER 14

꼭 보험을
들어야 할까?

보험

당신이 보험에 가입할
가장 좋은 시기는 바로 '지금'이다

서른일곱 살 남편과 함께 사는 서른다섯 살 아내입니다. 작은 농촌
가정에서 태어난 우리는 성인이 되어 대도시로 나와 대학에 다니다
가 서로 만나 연애를 했어요. 졸업 후에는 줄곧 대도시에 있었고요.
올해는 결혼 8주년 되는 해예요.

둘 다 집안 형편이 넉넉하지 못했기 때문에 딱히 지원을 받진 못했
어요. 졸업 후 들어간 회사의 월급은 얼마 되지 않았지만, 그걸로 부
모님께 용돈도 드리고 결혼 준비도 해야 했어요. 이후에 남편은 뭔가
삶에 변화를 주고 싶다며 결혼하자마자 돌연 다니던 회사를 그만두

고 창업에 뛰어들었죠.

남편은 초반에는 많이 힘들어했어요. 매일 새벽까지 일해야 했거든요. 고객을 한 명이라도 더 만나야 하는데 돈은 아껴야 하니까 이른 아침 비행기를 타고 출장을 갔다가 늦은 밤 비행기를 타고 돌아오곤 했죠. 회의가 있으면 밤을 새워서 자료를 준비하고 다음 날은 아침 일찍 출근해서 남은 일을 처리하고는 했어요.

같은 집에서 살긴 했지만, 보름 정도 남편 얼굴을 못 본 적도 있어요. 세탁실에 벗어놓은 옷을 보고 '아, 어제 집에 다녀갔구나' 알 수 있을 정도였으니까요. 그래도 그의 꿈을 지지해 주기 위해 저는 모든 가사 일을 책임진 건 물론이고 그동안 저축해 두었던 적금을 깨서 그에게 주었어요.

지성이면 감천이라 했던가요. 그렇게 고생하고 나니 점점 좋은 소식이 들려오기 시작했어요. 지금은 직원 100여 명이 함께 일하는 규모로 커졌지요. 1년 매출 20억이 넘는 실적을 내면서 시를 대표하는 기업으로 선정되기도 했어요.

형편이 좋아지자 남편은 제게 "이제 직장을 그만두고 아이들에게 전념하는 것이 어떻겠느냐"고 말하더라고요. 고마웠어요. 그런데 이상하죠. 저는 '이게 모두 꿈은 아닐까' 하는 생각을 자꾸만 하게 되었어요. 어느 날 갑자기 꿈에서 깨어나 과거로 돌아갈 것 같은 느낌이었죠. 때로는 남편이 큰 병에 걸리거나 저와 아이들을 모두 버리고 떠나가는 상상을 하기도 해요. 이런 불안감이 계속해서 저를 옭아맸어요. 남편이 저에게 잘하면 잘할수록 이상하게 저의 불안은 커져 갔죠.

그러던 중에 한 친구가 저에게 보험을 소개해 줬어요. 남편 명의로 된 보험과 아이들 교육보험, 그리고 제 명의의 상해보험을 하나씩 들어놓으면 마음이 좀 편해질 거라고요. 하지만 남편은 보험은 "돈 없는 사람들이 현실을 감당하지 못해서 가입하는 것"이라며 길길이 날뛰었어요. 집에 모아 둔 돈도 많은데 뭐 하러 보험을 드냐며 핀잔을 주었죠. 더군다나 본인이 아직 젊고 건강한데 왜 보험비로 돈을 낭비하려고 하느냐며 화를 냈어요.

정말 보험에 가입하는 게 낭비일까요? 아니면 제 마음의 불안을 조금이라도 덜어 내기 위해 지금이라도 가입하는 게 나을까요?

자산 포트폴리오에서 보험은 빠질 수 없다

창업에 성공한 사람들은 행운의 여신이 함께해 준 사람들입니다. 그래서 그 내면에는 언제나 불안이 도사리고 있어요. 행운의 여신이 언제까지나 함께하는 건 아니라는 생각을 하거든요. 당신처럼 여신이 곁을 떠나면서 그동안 이루어 낸 모든 성과와 부, 건강까지도 앗아가고 심지어 가족도 데려갈 수도 있다고 생각하는 거죠.

얼마 전에 친구 병문안을 다녀왔어요. 이제 겨우 마흔두 살인, 저의 오랜 친구입니다. 성격이 매우 호탕하고 정말 똑똑한 사람이에요.

지금까지 탄탄대로로 잘 살아왔고 사업도, 가정도 뭐 하나 빼놓을 것 없이 잘 꾸려 낸 친구라 언제나 부러움을 샀었죠. 그런데 얼마 전, 갑자기 건강이 악화되어 병원에 갔다가 말기 암 진단을 받았습니다.

너무 갑작스럽게 발생한 일이라 회사도 대책을 세우지 못하고 우왕좌왕했어요. 모든 게 멈춰 버렸죠. 그중 몇몇 핵심 간부는 회사를 떠났습니다. 직원들도 마음을 잡지 못하고 절반이 빠져나갔어요. 거래처로부터 받아야 할 대금 절반을 회수하지 못했고 밀린 업무가 회사와 가정을 갉아먹기 시작했어요. 가장이 쓰러지자, 가정도 위태로워졌어요. 아내와 시부모님 사이 갈등의 골이 깊어지기 시작했습니다.

다행히 주변 친구들의 도움으로 회사는 복잡한 업무를 처리했고, 개인 재산 절반을 정리해 회사 자금을 충당했습니다. 그나마 회사를 많이 키워 놓은 덕분에 앞으로는 걱정을 덜어 놓고 치료에 전념할 수 있다고 했어요. 가족들을 먹여 살리는 것도 문제는 없어 보였습니다.

물론 이런 일이 흔한 건 아닙니다. 하지만 인생이라는 게 그렇잖아요. '오늘 그 사람에게 일어난 불행이 내일 나에게 닥칠지도 모른다.'는 불안과 늘 함께하지요. 아마도 이건 세상 모든 사람이 똑같이 고민하는 문제가 아닐까 생각합니다.

인생에는 수많은 불확실성이 존재합니다. 개인의 자산 계획을 잘 세워 놓는 건 '소를 잃어버리기 전에 외양간을 잘 수리해 놓는' 방법 중 하나예요.

앞서 살펴본 '스탠더드 앤드 푸어스(S&P)의 자산 관리표'를 참고하면 많은 도움이 될 겁니다. 해당 도표에서 주목해야 할 점이 하나 있습니다. '생명 유지를 위한 돈'은 결국 보험을 말하는데 이것이 자산 배분 가운데 20%를 차지한다는 사실이에요. 결코 낮은 비율이 아닙니다. 보험이 사람들의 자산 배분에서 절대적으로 필요한 수단이라는 걸 알 수 있는 대목입니다.

해당 표에 따르면 보험 및 '꼭 지출해야 하는 돈(10%)'을 제외하고 나머지 70%는 투자나 재테크를 통해 부가 가치를 창출하는 곳에 배분해야 한다고 나옵니다.

똑같이 부가 가치를 창출하는 투자와 재테크인데 왜 두 부분으로 구분하는 걸까요? 그것은 각각의 위험성과 수익성을 같이 봐야 하기 때문입니다. 위험이 높은 항목에 모든 돈을 한꺼번에 넣을 수는 없습니다. 그렇다고 위험은 높지만 수익성은 상대적으로 낮은 종목에 돈을 전부 투자할 필요도 없습니다.

그래서 교육, 연금처럼 꼭 필요하지만 당장은 급하지 않은 지출은 '원금을 유지하면서 가치를 올리는' 항목에 포함시키는 겁니다. 원금을 건드리지 않으면서 가치를 올리니까 자산의 축소를 막을 수 있는 거죠. 마지막으로 '돈을 키우는 돈'은 비교적 위험성이 높으면서 수익이 높은 항목에 투자하는 자산을 말합니다. 설령 악재로 인해 손해를 보더라도 전체적인 생활에는 위협을 주지 않는 자산인데, 여기에도 보험 상품이 해당합니다.

불확실한 인생에서 보험의 본질은 안정과 평안이다

보험의 기원은 위험에 대한 걱정과 그것을 회피하고 싶어 하는 사람들의 심리에서 비롯되었습니다.

최초의 인류 사회는 자연재해와 생각지 못한 사건 사고에 늘 속수무책으로 당해야 했습니다. 사람들은 대자연과 투쟁하는 과정에서 재해 및 사고를 대비하고자 하는 욕구가 생겼습니다. 위험을 피하기 위해 사람들은 일정한 비용을 지불하고자 했고 그렇게 보험 업계가 탄생했죠. 사람들은 위험을 분담하고 분산함으로써 개인 혹은 단체의 경제적 안전과 사회적 안녕을 보장받게 되었습니다.

기원전 2500년 전후, 고대 바빌론 왕국의 국왕은 승려와 법관, 촌장 등에게 세금을 걷어 화재 구조 자금에 사용할 것을 명령했습니다. 고대 이집트의 석장들은 장례 조직을 만들어 일정 비용을 받는 형식으로 죽은 이들의 입관 및 안장 문제를 해결해 주었습니다. 고대 로마제국 시대의 사병 조직은 모금 형식을 통해 전쟁에서 사망한 병사의 유족들에게 생활비를 제공해 주었고 이후 점차 보험 제도를 만들어 가기 시작했습니다.

무역의 발전으로 약 기원전 1792년, 고대 바빌론의 제6대 국왕이었던 함무라비는 상업의 발전을 전폭적으로 지원하기 위해 상인들이 말과 화물에 손실을 입었을 때 이를 보상해 주기도 했습니다. 실제로 『함무라비 법전』에는 손실 보상에 관한 공동 분담의 조항이 명시되어 있습니다.

17세기, 유럽의 르네상스 이후 영국의 자본주의가 큰 발전을 이루었고 대규모 식민 통치를 거치며 영국은 세계 무역과 해운업에서 독점적인 우위를 점하게 되었습니다. 이에 대영제국은 영국 상인들을 위해 세계적인 해상 보험 업무와 관련된 조항을 마련해 주었지요. 보험 중개사 제도가 여기서 탄생했습니다.

17세기 중엽, 영국인 에드워드 로이드가 타워스트리트에 '로이드 커피하우스'를 오픈하면서 이곳이 해운 정보를 주고받거나 보험을 구매하고 비즈니스 뉴스에 관해 의견을 주고받는 장소가 되었습니다. 1969년, 런던 금융센터로 이전한 '로이드 커피하우스'는 지금 로이드사의 전신이 되었죠. 로이드사는 세계 최초의 보험 거래소가 되었고 현재는 전 세계에서 가장 큰 보험거래 시장으로 자리 잡았습니다.

그렇다면 보험은 어떻게 사람들의 위험을 낮춰 주는 걸까요?

먼저 이전에 소개한 적 있는 '큰 수의 법칙'을 다시 한번 떠올려 봅시다. 이것은 표본 집단의 크기가 커지면 커질수록 그 표본 평균이 모평균에 가까워지는 통계학 정리를 뜻합니다.

우리가 평소에 쓰는 말로 바꿔 보면 어떤 무작위성 사건이 반복적으로 일어나면 필연적인 규칙이 만들어지는데, 이러한 규칙을 바로 '큰 수의 법칙'이라고 합니다.

더 쉽게 말해, 이 법칙은 조건이 동일한 상황에서 같은 실험을 여러 번 진행하면 무작위성 사건이 일어날 비율이 평균 확률과 비슷해 진다는 얘깁니다.

여전히 이해하기 어렵다면 예를 들어 볼게요. 주사위는 여섯 개의 면으로 구성되어 있습니다. 주사위를 던졌을 때 어떤 수가 나올지 예측할 수 있나요? 없습니다. 어떤 수가 나올지는 그냥 '감'으로 맞혀야 합니다. 그 '감'이 정확히 들어맞을 확률은 6분의 1이겠죠. 하지만 그 6분의 1도 정확한 건 아닙니다. 12번 연속해서 주사위를 던진다고 똑같은 수가 두 번씩 나올까요? 아니죠. 12번 연속으로 1이 나올 수도 있고 3이 네 번, 4가 여섯 번, 1이 두 번 나올 수도 있습니다. 어떤 상황이라도 모두 가능하므로 모든 가능성의 결과는 합리적입니다. 어떤 결과의 확률도 확정할 수 없습니다. 이것이 바로 '무작위성'입니다.

그런데 만일 주사위를 1만 번, 100만 번 던진다면 어떻게 될까요? 이제 어떤 숫자가 나올지 맞히는 게 조금은 쉬워졌습니다. 무작위성 사건이 충분히 많이 발생하면 확정적인 결과를 도출할 수 있습니다. 주사위의 모든 숫자는 평균적으로 동일한 횟수로 나올 거예요.

'큰 수의 법칙'의 결론은 무수한 우연이 쌓이면 최종적으로 모종의 필연이 발생한다는 것입니다.

모든 사람에게는 2가지 가능성이 존재합니다. 사건이 발생해 손실을 보거나, 발생하지 않아 평안하거나. 그런데 위험이 일어날 확률과 가능성은 확정할 수 없고 그 위험이 일어날지 아닐지도 예측할 수 없습니다.

하지만 대량의 개체가 모여 거대한 집단이 되면 위험의 발생 횟수도 예측할 수 있게 됩니다. '개체량 × 위험 발생 비율'로 생각하면 되지요.

'큰 수의 법칙'을 위험 관리에 적용한 예입니다. 위험 발생 횟수가 충분히 모이면 발생 비율도 통계를 낼 수 있습니다. 그러면 위험으로 인한 손실 역시 돈으로 환산할 수 있지요. 보험회사는 이러한 방법을 통해 위험을 확정적인 액수로 계산해 냅니다. 이것이 바로 '보험료'입니다.

결국 보험에 가입하는 것은 계약자와 보험회사 둘 모두에게 이득입니다. 가입자는 예측하기 어려운 위험을 확실한 비용으로 전환해 그것으로 인해 생길 수 있는 거액의 손실을 보상받을 수 있고, 보험회사는 '큰 수의 법칙'을 위험에 적용하여 그에 상응하는 보험료를 받을 수 있으니까요.

보험회사는 개인으로서는 예측하기 어렵고 감당하기 힘든 위험을 집단에 적용한 뒤 '큰 수의 법칙'에 근거해 위험의 발생 확률과 그것이 가져올 손실을 계산해 냅니다. 그런 다음 그에 상응하는 보험료를 산정해 개인에게 상품으로 판매합니다. 이로써 '위험은 모으고 수익은 분산시키는' 효과를 실현하는 것입니다.

보험으로 원금은 유지하면서 가치를 키운다

보험 업계의 발전으로 보험 상품은 이제 단순히 건강이나 의료 부분의 보장성 기능만을 갖는 게 아니라, 일종의 재테크 상품이 되었습니다. 앞서 살펴본 자산 관리표에서 언급했던 '원금을 유지하면서 가치를 올리는' 자산에는 다음과 같은 특징이 있습니다.

첫째, 반드시 원금을 유지해야 합니다.

향후 특정 시기가 되면 우리는 특정 지출이 필요합니다. 은퇴 후 매달 받아야 하는 연금이나 자녀의 대학 등록금과 같은 것들입니다.

둘째, 가치가 올라야 합니다.

경제 성장과 물가 상승률을 고려했을 때 화폐는 시간이 지날수록 평가가 절하됩니다. 은행에 묶어 두고 받는 이자로는 화폐의 평가 절하 속도를 따라갈 수 없습니다. 그러면 결국 원금을 확보하는 동시에 더 큰 가치를 올릴 수 있는 방법을 찾아야 합니다.

이러한 조건을 만족시키는 것이 바로 '배당부 보험'입니다. '배당부 보험'이란 상호 조직의 생명보험회사에서 이익금이나 잉여금을 취득했을 때 그 계약자에게도 일부를 분배하기로 약정한 보험을 말합니다. 전통적인 보장형 상품에 비해 배당형 보험은 보험 계약자에게 비

보장성 이익을 제공합니다. 배당은 보험사의 부채 수준, 투자 전략 및 지급 여력에 영향을 줍니다. 배당부 보험은 다음과 같은 3가지 특징이 있습니다.

첫째, 리스크 통제가 가능합니다.

계약자의 이익과 보험회사의 지속적인 경영을 보장하기 위해 각국의 보험 감독 기관은 배당부 보험에 대한 관리 감독을 철저히 합니다. 특히 상품의 배당금 시연, 배당주펀드의 배당금 분배, 배당주펀드의 정보 공개, 계약자의 예측의 합리성 및 배당주펀드의 부채 확인 등에 대해 매우 엄격하게 감독합니다. 따라서 자금의 안전성 면에서 보면 보험 재테크가 다른 투자 수단보다 훨씬 안전하므로 '원금 유지'라는 자산 관리 항목을 만족시킬 수 있습니다.

둘째, 수익이 안정적인 반면 수익률은 낮습니다.

많은 사람이 오해하는 부분 중 하나입니다. 사실 배당부 보험은 재테크의 수단이긴 하지만 수익은 다른 투자 수단에 비해 훨씬 낮습니다. 만일 보험을 통해 높은 수익을 내고자 한다면 '돈으로 돈을 낳는' 자산 관리 항목을 '원금을 유지하면서 가치를 올리는' 항목에 잘못 배치한 것이라고 할 수 있습니다.

따라서 배당부 보험의 가장 중요한 목적은 '원금 유지'라는 걸 명확히 인지해야 합니다. 이것은 다시 말해 위험 부담은 적은 대신 수익률이 높지 않다는 의미입니다. 하지만 보험은 자금 시한이 길고 유동성이 낮기 때문에 장기적인 항목에 투자할 수 있다는 장점이 있죠. 이를 통해 안정적이면서 지속적인 투자 수익을 낼 수 있습니다. 앞서 살펴보았던 것처럼 아무리 높아도 불안정한 수익은 복리 성장을 기대할 수 없습니다. 한 번 손해를 보면 그전에 늘어났던 복리 이자가 모두 사라지기 때문에 안정적이고 장기적이어야만 복리의 마력을 실현할 수 있죠.

셋째, 세금 공제와 자산 보전 기능을 지녔습니다.

보험은 그 특수성 때문에 세수 부분에 있어 법적으로 일정한 유연성을 제공합니다. 그래서 배당부 보험을 통해 일정 소득세와 상속세를 합법적으로 피해 갈 수 있습니다. 또한 파산이나 개인회생, 채무 등의 분쟁이 일어났을 때 보험 수익자가 지정한 가족의 생활에 필요한 일정 금액을 남겨 둘 수 있습니다. 특히 재산 상속 방면에서 유산 승계의 복잡한 법률관계를 단순화할 수 있지요. 아울러 혼인의 '공유' 관계에 제한받지 않기 때문에 중산층과 부유층에게 큰 인기를 얻고 있습니다.

어떤 보험에 먼저 가입해야 할까?

보험 상품이 많다 보니 무엇부터 가입해야 할지 잘 모르는 경우가 많습니다. 자금이 제한적인 상황에서 어떤 걸 먼저 가입하고 어떤 걸 나중에 가입하는 게 좋을까요? 자금이 충분한 상황이라면 종류별로 어떻게 자금을 배분하는 것이 현명할까요?

우선 가장 먼저 고려해야 할 것이 생명·상해보험이고 그다음이 배당부 보험입니다. 생명·상해보험 상품에 먼저 가입해 의료나 사고, 사망 등의 중대한 사고가 발생했을 때 병을 치료하고 생계를 유지할 자금을 확보해야 재난이 발생하더라도 가족들이 걱정 없이 생활할 수 있습니다. 그런 다음에 배당부 보험으로 자산의 가치 상승을 고려합니다.

두 번째는 가장의 보험을 먼저, 그다음에 다른 가족 구성원의 보험을 고려하는 것이 좋습니다. 많은 경우 자녀 보험이나 부모님의 보험을 먼저 들어 놓으려고 합니다. 심지어 자녀 보험만 가입하는 부모도 있습니다. 물론 부모님을 잘 봉양하고 자녀를 사랑으로 키우고자 하는 풍토에서 비롯된 문화일 수 있습니다만, 사실 가족 구성원 가운데 사고 위험을 제일 먼저 줄여야 할 사람은 집안의 가장입니다.

생각해 보세요. 집을 나서다가 불행히도 가족 중 한 명이 교통사고를 당했습니다. 향후 가정의 생계유지 및 생활에 가장 영향을 주는 사람은 누구일까요? 가장 젊고 힘이 있는, 경제활동을 하는 가장입니다. 다시 말해 가족 중에 가장 먼저 보험에 가입해야 하는 사람이기도 하지요. 온 가족 모두가 생명·상해보험을 들어 놨다고 해도 가장은 보험료가 가장 비싼 상품에 가입해야 합니다. 그래야만 사고가 발생했을 때 생기는 여러 변수와 어려움을 최대한 극복할 수 있습니다.

세 번째로 '큰 보험'에 먼저 가입하고 그다음에 '작은 보험'에 가입하는 것이 좋습니다. 여기서 말하는 '크고 작음'은 위험이 발생한 뒤에 생기는 손실의 정도와 연관됩니다. 신체적 질병이나 사망, 고도장해, 중병은 일단 발생하면 가정에 돌이킬 수 없는 고통을 몰고 옵니다. 그러므로 이에 대한 대비를 우선적으로 해놓는 것이 좋습니다. 일반적인 감기나 두통, 발열 등은 일상생활에 큰 영향을 주는 병이 아닙니다. 따라서 의료보험 상품의 경우는 중대 질병 보험이나 생명보험을 먼저 가입한 뒤에 생각해 봐도 무방합니다. 심지어 따로 보험에 가입하지 않고 자비로 처리해도 됩니다.

앞서 질문을 한 분에게 대답해야 할 때가 된 것 같습니다. 남편이 아직 젊고 건강한데 보험에 가입할 필요가 있는지 물었는데요. 생로병사의 문제는 나이가 젊다고, 당장 건강하다고 해서 비껴갈 수 있는 것이 아닙니다. 젊은 나이에 병에 걸리거나 암 말기 진단을 받은 사람은 생각보다 많거든요.

보험료는 정확한 계산을 근거로 산출해 냅니다. 젊을수록 병에 걸릴 확률이 낮으므로 보험료 또한 낮습니다. 병에 걸릴 확률이 낮다고 해서 꼭 '손해'를 보는 것이 아니라는 뜻이죠.

　더 중요한 건 각 보험사는 매년 상품의 갱신 및 연장을 진행하고 있다는 사실입니다. 따라서 건강할 때 보험에 가입하면 보험료도 낮을 뿐 아니라 향후 사고가 발생했을 때 연장 및 갱신을 통해 지속적으로 보장받을 수 있습니다. 보험 가입 시기를 미루다가 건강검진을 받고 난 뒤 비로소 몸의 이상 징후를 발견하고는 상품에 가입하려고 하면 늦습니다. 이때는 보험료가 올라갈 뿐 아니라 이상 지표가 나타난 항목에 대해서는 보장을 받지 못하는 상황이 발생합니다. 그러므로 생명보험은 최대한 빨리 가입하는 게 좋습니다.

　보험에 가입하는 목적은 내면의 불안감을 덜어내려는 게 아닙니다. 현실적으로 자신과 가정에 일어날지도 모를 사고에 대한 걱정과 근심을 없애고, 당신이 꿈꾸는 삶을 향해 마음껏 날개를 펴고 날아가기 위해서죠. 당신이 계속해서 꿈을 꾸는 사람이 되었으면 좋겠습니다.

CHAPTER 15

튤립 한 뿌리가
집값과 맞먹는다고?

시장에 이상 기류가 나타나는 이유

'더 큰 바보 이론'을 모르는 당신에겐
매일이 만우절이다

요즘 투자에 관한 책을 많이 읽는데 '튤립 버블'에 관한 재미있는 에피소드를 알게 되었어요. 튤립은 그 아름다운 색과 향기 때문에 줄곧 사람들에게 큰 사랑을 받았대요. 그런데 300년 전에는 튤립 한 뿌리 가격이 황금보다 비쌌다고 합니다. 당시 네덜란드에서는 가난한 사람이든 부자든 각 계층을 막론하고 사회적으로 엄청난 튤립 투자 열풍이 불었다고 해요.

튤립이 바로 금융 투기의 주인공이 된 거죠. 세계 경제 역사상 처음으로 등장했던 투기 열풍으로 불리기도 하더라고요? 어떻게 이 식물

하나에 사람들이 그렇게 열광할 수 있었던 걸까요? 사람들은 가진 돈을 탈탈 털어 튤립을 사들였지만 결국에는 거품이 꺼지면서 수만 명이 가산을 탕진하고 파산했다고 해요.

정말 이상해요. 튤립은 그냥 평범한 꽃 아닌가요? 어떻게 그렇게 많은 사람이 그걸 사들이느라 모든 재산을 다 털어 넣을 수 있었을까요?

17세기 유럽을 휩쓸었던 튤립 투기 광풍

17세기 상반기, 유럽에서 네덜란드의 지위는 매우 특별했습니다. 다른 유럽 국가가 여전히 30년 전쟁의 여파에 허덕이고 있을 때 네덜란드는 이미 황금기를 누리고 있었죠.

당시 네덜란드는 황실 통치제가 아닌 시민위원회와 귀족이 공동으로 관할하는 체제였습니다. 유럽에서 처음으로 현대 경제를 발전시킨 국가이자 가장 부유한 국가였던 네덜란드의 부의 원천은 바로 '무역'이었어요. 네덜란드는 처음으로 동아시아 지역과 직접적인 무역 관계를 맺고 대규모 무역을 진행하던 국가였습니다. 당시 유럽 대부분의 사치품은 동아시아 지역에서 들어왔었는데 이를 통해 조금씩 부를 축적해 가던 네덜란드인들은 점점 부자가 되어 갔습니다. 비록 소수 사람의 손에 부가 집중되긴 했지만, 전체적인 생활 수준은 당시 유럽 국가 중에서도 최고를 자랑했죠.

16세기에 종교개혁을 겪긴 했으나, 이 시기 네덜란드인들은 사실상 비교적 극단적인 칼뱅주의*에 빠져 있었기 때문에 부를 겉으로 드러내는 것에 큰 반감이 있었습니다. 따라서 네덜란드 상인들만 공개적으로 자신의 부를 과시하며 다양한 방식으로 신을 찬양했습니다. 가령 정원에 예쁜 나무나 꽃을 식재하고 하나님께 영광을 올린다는 명목으로 부를 과시하는 식이었죠. 이때, 네덜란드에는 아직 튤립이 없었습니다.

초창기 튤립은 중국의 신장웨이우얼 지역과 지중해 남북 연안, 중앙아시아와 이란, 튀르키예와 카자흐스탄 등지에서 생산되었다가 이후 실크로드를 따라 중앙아시아로 건너갔고 훗날 중앙아시아를 통해 유럽 및 세계 각지에 유입되었습니다.

나중에 비엔나 출신의 식물학 교수가 튀르키예에서 재배한 튤립을 네덜란드 레이던에 가지고 들어왔고, 그의 남다른 원예 기술을 통해 꽃피운 튤립은 유달리 아름다워 레이던 상류 사회에서 화제가 되었죠.

원래부터 자신의 정원과 마당 꾸미는 걸 좋아했던 네덜란드 사람들은 곧바로 튤립에 애정을 쏟았고 그것을 국화로 지정해야 한다고

---

* **칼뱅주의**: 16세기 프랑스의 종교 개혁자 칼뱅의 기독교 사상. 신의 절대적 권위를 강조하고 예정설을 주장했으며, 신앙생활에서 자신을 신의 영광을 위한 도구로 보는 활동주의적 경향을 지녔다.

말하기 시작했습니다. 그들은 풍차와 치즈, 나막신과 함께 튤립을 네덜란드의 '4대 국보'로 지정해야 한다고 주장했습니다.

수많은 대신과 왕족들이 교수가 키운 튤립의 아름다움에 매료되었습니다. 하지만 그들이 튤립을 사고자 하는 의사를 내비치면 교수는 단호하게 거절했습니다.

그러나 얼마 후 교수가 잠깐 자리를 비운 사이 도둑이 들어와 튤립의 뿌리를 훔쳐 그것을 팔아넘겼습니다. 이 소식을 접한 영민한 투기상들이 대량으로 튤립 뿌리를 사재기하기 시작했고 그 결과 가격이 가파르게 상승했습니다. 거기에 여론까지 더해지면서 튤립을 향한 사람들의 갈급함이 짙어졌고, 심지어는 그것을 얻지 못한 사람들이 부러움과 질투심에 '상사병'이 나는 기이한 현상이 벌어졌어요. 튤립을 얻어 재배하는 사람은 엄청난 명성을 얻게 되었고 그것은 곧 부의 상징처럼 여겨졌습니다. 이때부터 사람들은 이성을 잃고 미친 듯이 튤립을 사들이기 시작했죠.

처음에 튤립 뿌리를 사들인 상인은 그저 사재기해 두었다가 가격이 오르면 싼값에 팔아넘길 생각이었어요. 그러나 투기가 점점 심해지면서 튤립을 사고자 하는 사람들이 대거 몰리기 시작했고, 순식간에 튤립에는 말도 안 되는 가치가 매겨지며 가격은 가파르게 올랐습니다. 가격이 오르면 오를수록 구매자는 많아졌어요. 유럽 각국의 투기상들이 네덜란드로 모여들면서 이 기이한 현상은 더 심해졌습니다.

1636년, 튤립 한 뿌리의 가격이 마차 한 대와 말 네 필을 살 수 있는 가격으로 올랐습니다. 심지어 땅속에서 아직 모습을 드러내지 않아 육안으로 볼 수 없는 튤립 구근까지 몇 단계를 거쳐 거래되곤 했습니다.

1637년, '스위처Switser'라는 이름의 튤립 한 뿌리 가격은 한 달 새 485% 상승했습니다. 1년 동안 튤립 가격은 무려 5,900%의 상승 폭을 보였습니다. 당시 가장 비싼 튤립은 '셈페르 아우구스투스Semper Augustus'라는 1등급 튤립으로 바이러스에 감염되어 얼룩무늬가 있는 것이 특징이었습니다. 이 튤립 한 뿌리의 가격은 네덜란드에서 가장 번화가에 지어진 예배당을 통째로 사들일 수 있는 값이었어요.

비록 셈페르 아우구스투스가 꽃 피운 걸 직접 본 사람은 거의 없었지만, 그것이 튤립 투기 현상을 잠재우지는 못했습니다. 사람들이 진정으로 원했던 건 튤립을 재배하고 감상하는 게 아니라 그걸로 큰돈을 버는 것이었기 때문이었죠.

튤립으로 단기간에 막대한 부를 얻을 수 있다는 소문은 장인과 농민 등에게도 퍼졌고, 그들도 서서히 시장에 참가했습니다. 밑천이 없는 서민들은 우선 자신이 감당할 수 있을 정도의 뿌리에서 시작했어요. 그 정도의 품종도 값은 상승했고, 전매 이익을 얻는 자가 속출했습니다. 이에 따라 시장에 큰 변화가 일어났습니다. 연중 거래와 그에 따른 선물 거래 제도가 도입된 것이죠.

이러한 거래는 정식 증권거래소가 아닌 술집에서 열렸습니다. 거래에서 현금이나 현물 뿌리는 필요 없었습니다. "내년 4월에 지불한다.", "그때 뿌리를 배달한다."는 계약서로 끝낼 수 있었고 경미한 중도금으로 판매할 수 있었습니다. 중도금이라고 해도 현금만을 뜻하는 것은 아니며, 가축, 가구와 같은 환금을 할 수 있는 것은 무엇이든 통용되었어요. 그 계산서가 여러 차례 거래를 반복하는 가운데 결국에는 채권자와 채무자가 어디의 누구인지도 모르는 상황이 되어 버렸습니다. 이 선물 거래 시스템을 통해 자본이 없는 사람도 투기에 참여했습니다. 빵 굽는 사람이나 농민 같은 일반인들까지 튤립 시장에 참가하면서 수요는 급격히 팽창했고, 싼 품종도 가격이 급등했습니다.

끝을 모를 듯이 경제적인 혼동을 주던 이 튤립 투기 파동을 잠재운 것은 어처구니 없는 하나의 사건이었습니다. 이건 다시 말해 모든 투기의 바람은 언젠가는 막을 내린다는 점을 시사합니다.

관련 기록에 따르면 네덜란드에서 튤립 투기가 일어났다는 사실을 전혀 몰랐던 이웃 나라의 한 젊은 뱃사공이 일을 마치고 배에서 내릴 때 튤립 알뿌리가 옷에 함께 딸려가고 말았습니다. 그게 바로 '셈페르 아우구스투스'였죠.

당시 선주는 금화 3천 냥(지금의 3~5만 달러)을 내고 암스테르담 거래소에서 그 튤립을 산 것이었습니다. 튤립 뿌리가 없어진 사실을 안 선주는 다급한 마음에 뱃사공을 찾아갔습니다. 수소문 끝에 찾아낸

뱃사공은 마침 한 식당에서 훈제 생선구이를 먹고 있었는데 탁자 위에 있던 튤립을 함께 입속에 집어넣고 있었어요. 튤립의 가치를 전혀 몰랐던 그는 튤립 알뿌리가 양파처럼 생선구이와 함께 플레이팅 되어 나온 음식이라고 생각하고 맛있게 먹었던 것이었죠.

금화 수천 냥을 내고 산 튤립 알뿌리가 누군가의 눈에는 양파처럼 보였다니, 이건 뱃사공이 잘못된 걸까요, 아니면 네덜란드 사람들이 잘못된 것일까요?

이 우연한 사건이 기폭제가 되어 암스테르담 거래소에 엄청난 파장이 일어났습니다. 신중한 투기자는 기이한 현상을 돌아보았고, 튤립 뿌리의 가치에 근본적인 회의감을 느끼기 시작했죠. 그중 극소수의 사람들은 뭔가 잘못되었다는 걸 깨닫고 낮은 가격에 뿌리를 팔아 넘기기 시작했어요. 일부 민감한 사람들이 그 현상을 보고 바로 따라하기 시작하면서 점점 더 많은 사람이 헐값에 튤립을 팔아 댔고 마침내 폭풍이 몰려왔습니다.

순식간에 튤립 뿌리 가격은 휴짓조각이 되었고 이제 시장에는 아무도 튤립 뿌리를 사려는 사람이 없었습니다. 튤립 가격은 순식간에 폭락했습니다.

단 일주일 만에 튤립은 푼돈에 거래되었어요. 투기에 몸담았던 사람들은 그에 대한 대가를 치러야 했습니다. 네덜란드의 경제 번영도 이후 가파른 내리막길을 걸었습니다. 유럽 안에서 네덜란드의 지위는 점차 영국에게 위협받기 시작했고 유럽 번영의 중심도 점점 영국

해협으로 옮겨 갔습니다.

튤립은 여전히 튤립이었지만 네덜란드는 더 이상 예전의 네덜란드가 아니었습니다.

폭탄 돌리기와 다를 바 없는 더 큰 바보 이론

미국 경제학자 피터 가버Peter R. Garber 는 튤립 투기 파동에 관해 "이것은 피도 눈물도 없는 투기 버블"이라고 평가했습니다. 사람들은 저마다 가격 급등 현상을 통해 어떻게든 한몫 챙겨 보고자 했지요. 그리고 이런 상황에서는 보통 가격이 계속해서, 끝도 없이 오를 거라는 비현실적인 생각을 하게 됩니다.

사람들은 왜 이런 오류를 범할까요? 20세기, 현대 서양 경제학에서 매우 영향력 있는 경제학자로 꼽히는 존 메이너드 케인스John Maynard Keynes 는 자신의 경험담을 통해 이 현상을 정리했어요.

학술 연구에 매진하고 싶었던 그는 경제적인 부담을 조금이라도 덜어 보고자 시간당 돈을 받는 강의를 하게 되었지요. 하지만 출강으로 벌어들이는 수입에는 한계가 있었어요. 1919년 8월, 그는 외환 투기에 수천 파운드를 투자했고, 단 4개월 만에 1만 파운드의 수익을 냈어요. 10년 동안 강의를 해야 벌 수 있는 돈이었지요.

그러나 투기의 공통점은 수익을 냈을 때 바로 끝나지 않는다는 점이에요. 처음에 그는 엄청난 수익을 올린 것이 감격스럽고 놀라웠어요. 그래서 더 많은 돈을 넣었고 그러다가 결국 되돌아올 수 없는 강을 건너고 말았죠. 결국 3개월 뒤, 그는 모든 이자와 원금을 다 날려버렸습니다. 그렇지만 도박하는 사람들의 심리는 늘 하나로 귀결됩니다. '잃은 돈은 반드시 다 찾아오겠다.'는 마음이에요.

7개월 후, 그는 면화와 관련한 선물 거래를 시도했고 크게 성공했어요. 이에 자극을 받고 종목을 더 늘려 투기를 하게 되었죠. 그 이후 10여 년간 그야말로 '떼돈'을 벌었어요.

1937년, 케인스는 병에 걸리는 바람에 주식 투자에서 손을 뗐지만 일생을 써도 남을 만한 돈을 다 벌어 놓은 뒤였지요. 하지만 그가 여느 도박꾼들과 다른 점은 후대에 길이 남을 '더 큰 바보 이론Greater fool theory'을 정리했다는 것입니다. 이는 그의 투기 활동을 통해 얻은 산물이었어요. '더 큰 바보 이론'이란 무엇일까요? 케인스는 이를 설명하기 위해 다음과 같은 예를 들었어요.

한 신문사에서 미인 대회를 개최했다. 100장의 사진 가운데 가장 아름다운 얼굴에 당첨된 사람과 그걸 맞힌 사람에게 상을 주는 대회였다. 누구의 얼굴이 가장 아름다운지는 여론 투표를 통해 결정하기로 했다.

자, 당신은 누구에게 표를 던질 건가요?

기억하세요. 이 대회의 승자는 여론 투표를 통해 정해진다는 걸 말입니다. 그러므로 정답을 맞히려면 '당신이 생각하기에 가장 예쁜 얼굴'이 아닌 '대다수 사람이 생각하기에 예쁜 얼굴'을 골라야 해요. 설령 당신 눈에는 그렇게 보이지 않는다고 할지라도 말이죠. 여기서 당신은 개인의 실제 생각이 아닌 대중의 심리를 바탕으로 생각해야 해요.

케인스는 전문 투자는 바로 신문사에서 개최하는 '미인 대회'에 비유할 수 있다고 했어요. 이러한 대회에서는 보통 독자들이 100장의 사진 가운데 가장 아름다운 6명을 고른 다음, 또다시 투표를 통해 최종적으로 가장 많은 표를 얻은 사람이 상을 가져갑니다. 따라서 투표 참가자는 '내가 생각하기에 가장 아름다운 얼굴'이 아닌 '다른 독자들이 생각하기에 가장 매력적인 얼굴'을 찾아야 해요.

즉, 당신이 생각하기에는 전혀 미인이 아닌 사람에게 투표해야 할 수도 있고, 어쩌면 보통 사람들이 생각하기에도 예쁜 얼굴이 아닐 수도 있어요. 결국에는 제3의 선택, 대중이 생각하는 예쁜 얼굴을 골라내기 위해 머리를 '굴려야' 하는 것이죠.

그래서 독자들은 철저히 다른 독자의 각도에서 생각해 보아야 합니다. 만일 참가자 100명의 미모가 비등비등하다면, 가장 큰 차이는 머리카락 색깔 정도가 되지 않을까요? 100명 가운데 단 한 명만 빨간 머리라면 어떨까요? 그럼 당신은 그 머리색의 여인을 선택하게 될까요? 서로 만나 소통하지 못하는 상황에서 독자들은 과연 어떤 부분에 공감대를 형성하게 될까요?

'최고의 미인'을 고르는 건 가장 날씬하거나 머리카락 색이 가장 붉거나 앞니 사이가 적당히 벌어진 여인을 골라내는 것보다 훨씬 어려운 일이에요. '미인'을 구분하는 명확한 기준이 없는 상황에서는 무엇이든 될 수 있기 때문이죠.

따라서 투표자들이 성공하는 비결은 다른 사람의 생각을 정확히 맞히는 거예요. 맞히면 상을 받을 수 있고 틀리면 그대로 탈락이죠. 여기서 중요한 건 누가 예쁘고 누가 못생겼느냐가 아니에요. 다른 투표자들의 심리를 맞히는 게 핵심이죠.

이것이 바로 '더 큰 바보 이론'의 핵심 포인트입니다. 어떤 사물의 진짜 가치는 보지 않으면서 거금을 들여서라도 그걸 구매하길 원하는 이유는 자신보다 훨씬 더 멍청한 바보가 더 많은 돈을 주고 그것을 사 갈 거라 기대하기 때문이에요. 이 이론이 우리에게 말하고자 하는 것은 '무서운 건 바보가 되는 게 아니라 최후의 바보가 되는 것'이라는 사실입니다.

이 이론은 투기 행위가 일어나는 그 이면의 동기를 설명해 줍니다. 투기 행위의 핵심은 '나보다 더 멍청한 바보'가 있는지를 판단하는 것이죠. 내가 가장 멍청한 사람이 아니면 어쨌든 '승자'가 될 수 있다는 논리예요. 얼마나 얻고 얼마나 잃는지는 중요한 문제가 아니에요. 만일 나보다 더 많은 돈을 내고자 하는 사람이 없으면 당신이 '최후의 바보'가 되는 겁니다. 이런 맥락에서 보자면 모든 투기자는 '제일 바보는 내가 아닌 다른 사람'이라는 신념이 있다는 것이죠.

내가 최후의 바보는 아니라는 위험한 믿음

최후의 바보가 나는 아닐 거라고 확신하는 이유는 무엇일까요?

영국의 역사학자 마이크 대쉬 Mike Dash 는 "사람의 뇌와 의식은 버블의 진상을 믿기 싫어한다."라고 말했습니다. 대다수 사람은 과열된 투기에 참여하기 전에 그와 관련한 진짜 정보를 제대로 이해하지 못합니다. '튤립 투기'는 사람들의 맹목적인 투기 행위를 적나라하게 보여준 대표적 사례였죠.

구매자와 판매자는 비현실적인 가격으로 일종의 '도박'을 하고 있다는 걸 잘 알았지만 그렇다고 큰돈을 벌 수 있는 유혹을 거절하지 못했어요. 맹목적인 군중 현상이 일어나는 이유가 여기에 있습니다.

그런데 이렇듯 기이한 현상은 오늘날에도 일어나고 있어요. 몸에 좋다는 한약재나 일상에 필요한 소금, 식초 등도 일단 가격이 상승하면 미친 듯 사재기를 하죠.

특히 실제 상품의 가치에 대해서는 정확히 잘 알지 못하는 상황에서 사재기 현상이 더 두드러지게 나타납니다. 그러다가 구매를 원하는 사람이 아무도 없으면 갑자기 가격이 내려가고 헐값에 팔아넘기는 현상이 나타나죠. 이러한 현상을 일컬어 '투기 버블'이라고 합니다.

사실 선물 및 주식 시장에서 사람들이 취하는 전략도 이와 동일합니다. 사람들은 어떤 사물이나 대상의 진짜 가치는 보지 않아요. 오로지 높은 가격에 사들일 수 있는 종목에만 주목하죠. 그건 자신이 구매한 가격보다 훨씬 큰돈을 내고 그걸 사 갈 사람이 분명히 존재한다는 기대심리 때문입니다.

예를 들어 모 주식의 진짜 가치를 잘 이해하지 못했으면서도 굳이 4천 원을 내고 사려는 이유는 무엇일까요? 그건 자신이 그 주식을 처분할 때 지금보다 더 큰돈을 내고 사 갈 사람이 분명히 있으리라 생각하기 때문입니다.

대중 심리의 각도에서 주식의 이론을 분석할 때 잘 활용하는 이론이 '더 큰 바보 이론'이에요. 이 이론에 따르면 일부 투자자들은 주식의 이론적인 가격이나 내재 가치에는 관심이 없습니다. 그들이 주식을 매입하는 이유는 향후에 더 많은 돈을 내고 자신이 가진 '뜨거운 감자'를 사 갈 사람이 반드시 존재할 거라는 생각 때문이죠. 이 이론이 힘을 얻는 이유는 투자자들이 예측하는 미래에 대한 판단이 서로 일치하지 않는 경우가 허다하기 때문이에요. 어떤 소식을 접할 때 과도하게 낙관적으로 판단하는 사람이 있는가 하면 비관적으로 생각하는 사람도 있어요. 누군가는 즉시 행동으로 옮기지만 누군가는 신중

하게 행동하죠. 이러한 판단의 차이가 전체 행동의 차이를 불러오고 시장의 체계를 교란시켜 '더 큰 바보 이론'이 등장하게 된 겁니다.

이 이론은 두 부류로 나누어 적용할 수 있는데 하나는 '감성적 바보', 또 다른 하나는 '이성적 바보'예요. 전자는 투자할 때 자신이 이미 '더 큰 바보' 게임에 편입되었다는 사실을 인지하지 못하며 게임의 룰이나 필연적인 결과를 예측하지 못해요. 후자는 '더 큰 바보' 게임의 관련 룰을 정확히 인지하고 있으나 현재 상황에서는 더 많은 바보들이 투자의 대열에 합류하리라 생각해 투자를 진행하는 부류입니다.

'이성적 바보'가 수익을 올리는 전제 조건은 더 많은 바보들이 그 대열에 합류하는 것입니다. 그리고 이것이 바로 대중의 보편적 심리죠. 대중 투자자들은 현재의 가격이 이미 높게 형성되어 있지만 시장을 전망할 때 앞으로 가격이 더 올라갈 거라고 굳게 믿는 경향을 보입니다.

'더 큰 바보'가 되지 않는 법

주식 시장에서 투기는 그 정도에 차이가 있을 뿐 언제나 존재하는 현상입니다. 그렇지만 상당수의 투기자가 비이성적인 면을 보이며 때로는 무언가에 홀린 듯 '도박'을 하기도 하지요. 아마추어 투자자들의 경우 '더 큰 바보' 이론을 활용해 수익을 내기란 쉽지 않아요. 그러나 프로 투자자들은 이러한 시장 분위기를 이용해 일정한 비율의 자금을 투자해서 '이성적인 바보'가 되기도 합니다.

'더 큰 바보'가 되지 않으려면 어떻게 해야 할까요? 주식 시장에는 "더 큰 바보가 되되, 최후의 바보는 되지 말라"는 말이 있습니다. 단순해 보이는 말이라도 실제로 적용해 보면 결코 쉽지 않다는 걸 알 수 있어요.

'더 큰 바보'들은 주변에서 들려오는 소식에 민감합니다. 예를 들어 강세를 보이는 한 주식 종목이 있다고 합시다. 분명 공식적인 소식이 없는데도 연일 상승세를 보이고 수익률이 높아지고 있습니다. 그러면 해당 종목을 사지 않은 투자자들은 노심초사하다가 결국 비싼 값에 사들입니다. 그럴수록 주식 가격은 올라가고 매입하는 사람은 많아지지요. 그러면 얼마 지나지 않아 시장에는 자연스레 이 주식 종목과 관련해 수많은 호재성 소식이 들려오고 비합리적으로 상승했던 원인을 뒷받침하는 현상들이 속속 등장합니다.

그래서 시장 관계자들은 "소식이 트렌드를 결정한다기보다 트렌드가 소식을 결정한다."고 말하기도 합니다. 추세가 좋은 주식이 투자자를 끌어들이고 다시 좋은 소식을 낳는다는 것이죠. 그래서 '더 큰 바보' 전략을 선택한 사람들은 주식에 관한 지식이나 이론을 연구하기보다는 주가의 추세와 거래량을 보면 된다고 말합니다. 상승과 하락만 잘 파악해도 주식의 추이를 꿰뚫을 수 있다는 생각이죠. 그러니 어떻게 보면 '더 큰 바보' 이론의 핵심은 추세에 자연스럽게 순응하는 것일지도 모릅니다.

사람들은 '더 큰 바보' 이론의 이면에 엄청난 위험이 있다는 걸 인지하고 있어요. 그런데도 왜 투자를 멈추지 않는 걸까요? 그건 영원히 만족하지 못하는 인간의 심리 때문입니다. 황금을 너무 많이 주면 무거워서 가져가기 힘들다고 말하면서, 또 적게 주면 너무 적다고 불평하는 것이 인간의 본성이죠.

투자의 귀재 워런 버핏도 "투자는 몸이 아닌 머리로 해야 한다."고 말했어요. 머리는 기업의 미래 경영과 대중의 심리 추이를 분석합니다. 몸은 그저 본능에 이끌려 움직일 뿐이에요. 물론 누군가는 자신이 알고 있는 범위에서 일정한 정도의 '이성적 바보'가 되면 된다고 말하기도 합니다. 그것이 비이성적인 시장에서 살아남는 일종의 전략이 된다고 말이죠. 그러나 그건 말은 쉬워도 실제로는 정말 어려운 일이에요. 머리로는 알지만, 탐욕에 눈이 멀면 정신을 차리지 못하고 자꾸만 이성을 잃는 게 사람이기 때문이죠.

사기도 일종의 '더 큰 바보' 게임

'더 큰 바보' 이론은 다단계 판매 등과 같은 일종의 '사기 마케팅'에도 활용됩니다. 인터넷이 발달하면서 젊은이들은 대부분 이런 사기극의 진상을 잘 알지만, 노인들은 여전히 이 이론의 잠재적 사용자가 되고 있어요. 고리 대출 혹은 일명 '피라미드' 업계 사람들은 '이걸 사는 사람이 반드시 있을 것'이라는 생각으로 영업을 합니다.

모 지방 도시에서 있었던 다단계 영업과 관련한 사건입니다. 해당 기업 책임자는 이미 공급 횡령 혐의로 재판 중이었는데도 "회사가 상장했으니, 앞으로 모든 돈은 투자자들에게 돌아갈 것"이라며 또 다른 사기극을 벌였어요. 여기에 혹한 할머니 할아버지들이 희망을 품고 돈을 내려던 순간, 다행히 다른 피해자가 경찰에 신고하면서 사건은 마무리되었습니다. 이 역시 바로 '더 큰 바보' 이론으로 해석할 수 있는 사례입니다.

최근 가상 화폐 시장이 전례 없는 성수기를 맞이했습니다. 헤아리기 힘들 정도로 많은 가상 화폐가 등장했지요. 그런데 이 역시 '더 큰 바보' 이론과 관련한 게임이라고 볼 수 있습니다.

예를 들어 봅시다. 저를 포함한 친구 열 명이 가상 화폐 발행을 준비 중이에요. 천만 코인 발행을 계획하고 있고 코인의 초기 가격은 1원으로 잡았습니다. 우리는 각자 50만 코인을 챙겨 두었어요. 10명이니 총 500만 코인이겠죠. 나머지 500만 코인은 채굴 등의 형식으로 배급할 예정입니다.

먼저 우리는 100명의 '개미'를 목표로 잡았습니다. 그다음엔 어떻게 해야 할까요? 아마 1원을 주고 1원짜리 코인을 사는 거라면 아무도 관심이 없을 거예요. 그럼 어떻게 해야 할까요? 우리끼리 먼저 거래하는 거예요.

먼저 열 명이 각각 2원에 10만 코인을 대외적으로 판매합니다. 그런 다음 다시 2원을 주고 10만 코인을 사들이는 거예요. 열 명이 한 바퀴 돌면 모두에게 코인은 똑같이 돌아갑니다.

자, 이제 뭐가 바뀌었나요? 코인의 가치가 변했어요. 코인 하나당 2원에 거래되었기 때문에 시장에는 이 신호가 전달되었고 이제 이 코인의 가치는 2원이 되었습니다.

이때 마음이 흔들리는 '개미'가 있을까요, 없을까요?

상관없습니다. 우리는 급하지 않거든요. 다시 똑같은 방법으로 한 번 더 거래하면 돼요. 이때 가격을 5원으로 올립니다. 거래량이 그렇게 많이 필요한 것도 아니에요. 코인 하나 가격을 10원으로만 올려도 전체 시장은 이 코인의 가치가 10원이라고 인식하거든요. 이제 전체 코인의 가치는 벌써 1억 원이 됐어요.

투자자들이 몰리기 시작했습니다. 입장하자마자 거래하는 사람들이 생겼어요. 그중에는 '롱터미즘'을 내세우는 신중한 '개미'들이 반드시 존재하기 마련입니다. 그들은 매입만 하고 팔지는 않아요. 그럼 누가 팔아야 할까요? 우리가 팔면 됩니다.

가격은 계속 올라갑니다. 그럼 '개미'들의 입장도 점점 많아지죠. 예전에 입장했던 '개미'들이 구입한 코인의 가치가 점점 상한가를 달립니다. 자연스럽게 가격은 올라가죠.

결국 참지 못하고 코인을 팔아넘기려는 '개미'가 등장합니다. '이성적인 바보'일 확률이 높습니다. 이게 함정이라는 걸 깨닫고 이제는 발을 빼려는 사람들입니다. 어떻게 해야 할까요?

상관없습니다. 이때 새롭게 등장한 '개미'들이 자연스럽게 상한가 코인을 넘겨받습니다. 가격은 계속 더 올라갈 거예요. 우리는 기류를 타고 조금씩 조금씩 손안에 있던 코인을 처분하면 됩니다.

'롱터미즘'을 주장하는 '개미'들이 존재하는 한, 가격이 내려갔다가도 자연스럽게 다시 오르기 때문에 문제 될 게 없습니다. 그들은 가격이 오르면 또 올랐기 때문에 팔지 않고 더 많은 '개미'들을 데려올 테니까요.

'개미'들이 계속 공감대를 이루기만 하면 이 코인은 계속 오름세를 타기 때문에 절대 폭락하지 않아요. 설령 마지막에 '최후의 바보'가 등장하지 않는다고 해도 상관없습니다. 나와 내 친구들은 이미 대부분의 코인을 팔아넘겼고, 주머니를 두둑하게 챙겼기 때문이죠. 이것이 바로 '개미'의 슬픈 숙명입니다.

역사는 반복되지 않지만 비슷한 길을 걷습니다. 이야기 속의 주인공만 바뀌고 사기극에 사용된 물건만 바뀝니다. 게임의 룰은 동일합니다.

사기극의 원리는 사실 간단해요. 인간의 약점을 활용한다는 게 공통점이지요. '최후의 바보'가 되는 사람들은 습관적으로 군중심리에 이끌려 맹목적으로 투자할 때가 많아요. 탐욕에 눈이 멀어 큰 수익을 올리는 데만 열중하면서 언젠가는 '최후의 바보'가 나타나길 바라는 거죠. 그러다가 결국에는 이성을 잃어요. 자칫 잘못하면 그 판에서 내가 '최후의 바보'가 될 수도 있다는 사실을 기억하세요.

그러니 마음속에서 욕심이 일어나는 순간, 우리는 다음의 구절을 되새겨야 합니다.

"가장 마지막에 온 사람은 악마의 먹이가 될 수 있다."

세상에서 가장 친절한 경제학

인생의 선택을 도와주는 경제 상식 모음
세상에서 가장 친절한 경제학

펴낸날 2023년 12월 5일 1판 1쇄

지은이 세종보
옮긴이 하은지
펴낸이 김영선
편집주간 이교숙
책임교정 나지원
교정·교열 정아영, 이라야, 남은영
경영지원 최은정
디자인 정윤경
마케팅 조명구

발행처 (주)다빈치하우스-미디어숲
출판브랜드 더페이지
주소 경기도 고양시 덕양구 청초로 66 덕은리버워크지산 B동 2007호~2009호
전화 (02) 323-7234
팩스 (02) 323-0253
홈페이지 www.mfbook.co.kr
출판등록번호 제 2-2767호

값 18,800원
ISBN 979-11-5874-207-2(03320)

(주)다빈치하우스와 함께 새로운 문화를 선도할 참신한 원고를 기다립니다.
이메일 dhhard@naver.com (원고 및 기획서 투고)